温州
福州

国家出版基金项目
NATIONAL PUBLICATION FOUNDATION

古船扬帆

ANTIQUE SHIPS

何国卫 ◎ 主编

文稿编撰 / 赵 悦 张凯一 刘 成

图片统筹 / 王积庆

中国海洋大学出版社
CHINA OCEAN UNIVERSITY PRESS

写在前面

向海而立，洪涛浩荡，船开航兴，千帆竞进，一幅壮丽的海洋画卷跃入眼帘。

俯仰古今，从捕鱼拾贝、聊以果腹，到渔盐之利、舟楫之便，与海相依的族群，因海而生的习俗，我们的祖先与海洋结下不解之缘。

抚今追昔，贝丘遗址，海味浓郁。南海Ⅰ号，穿越古今。一把盐，可以引出背后的传奇；一艘船，可以展现先进的技术；一条丝路，可以沟通东西方文化……

中国海洋文明灿烂辉煌，中国海洋文化源远流长，中国海洋符号精彩纷呈。

本丛书上溯远古，下至清末，通过海洋部落、古港春秋、海盐传奇、古船扬帆、人文印记、海上丝路、勇者乐海，呈现积淀深厚的海洋符号。

海洋部落。勤劳智慧的人们谋海为生，在世代与海洋的互动中形成了独具族群特色的海洋信仰、风俗习惯。人们接受浩瀚大海的恩赐并与之和谐相处，创造了海神传说、渔家服饰、捕鱼习俗等海洋文化成果。

古港春秋。我国绵长的海岸线上，大小港口众多。历经沧桑的古港，见证了富有成效的中外交往历程；繁华忙碌的航线，展现了古代海洋经济的辉煌成就。

海盐传奇。悠久的盐区盐场历史、可煎可晒的制盐工艺、传奇的盐商故事、丰富的盐业遗产，成就了海盐这一特殊的海洋符号。阅读海盐传奇，一窥海盐业发展的轨迹，明晰海盐文化的脉络，感知海盐与人类生存的息息相关。

古船扬帆。没有船舶与航海，中国历史上就不会有徐福东渡和郑和下西洋，也不会有惊心动魄的海战，更不会有繁盛的海上丝路。回望文献中的海船、绘画中的海船、出水的海船遗物，探寻古代造船与航海的发展轨迹，回味曾经辉煌的历史。

人文印记。历史长河中，中华民族以海为伴，与海洋相互作用，留下许多珍贵的海洋文化遗产。以沿海城市为基点，与海洋相关的历史地理、神话传说、景观习俗等，经久不息，流传至今。

海上丝路。先民搭起木船、扯起风帆，开辟海上丝路。南海航线、东海航线，航路不断拓展。徐福东渡、遣唐使来华，中外人士相互交流。丝绸、瓷器、茶叶，中华瑰宝随船西行。玉米、辣椒、香料，舶来品影响华夏生活。“一带一路”，续写丝路新篇。

勇者乐海。读史品人，以古鉴今。随着早期海洋意识的觉醒，我国历史上的“乐海勇者”，巡海拓疆，东渡传法，谋海兴邦，捍卫海疆。他们不畏艰险，勇于探索，开拓进取，弘扬了中华民族的海洋精神，唤起了全社会的海洋意识，建设海洋强国的宏伟目标因而得以逐步实现。

中国海洋文化既富独特性，又具包容性，不仅是中国文化不可分割的部分，也是世界海洋文化的重要组成。中国拥有怎样的海洋文化，孕育出了哪些海洋符号，从中能探索到哪些海洋文化精神？这套书会带给你启迪。

好吧，来一次走近中国海洋符号、探寻中国海洋文化的精神之旅吧！

前言

当人们谈论中国古代海洋文化时，常常会提到古书记载中的八个字“鱼盐之利，舟楫之便”，或许这正是中华民族最早的海洋认知和价值取向。其中的“舟楫之便”指的便是海船文化。

在漫长的历史发展过程中，海洋曾无数次阻碍先民们开疆拓土的脚步，人们对大海彼岸未知的世界充满了好奇。海船的出现，延展了古人对外交流的脚印。徐福东渡、郑和下西洋……这些伟大的历史事件，无一不是依靠海船而得以实现的。

战争，是历史发展的另一主题；海洋，往往成为群雄逐鹿的舞台。在一次次的战斗中，中国的古战船逐渐走向成熟。八槽舰、海鹘船、刀鱼战棹……这些在中国造船史上享有盛名的海船均与战争息息相关，它们也成为中国古代船文化发展的标志，象征着造船业的不断发展与成熟。

中国古代造船业的发展，离不开造船工艺的传承与进步。这背后凝结了多少造船工匠的血泪和汗水，我们不得而知，但我们能看到的是：海船的推进工具从桨到橹，再到明轮；海船的停泊工具从系石为碇，到木石结合碇，再到《天工开物》中记载的铁制“看家锚”；海船的船型不断发展，逐渐固定为封建社会末期的“沙”“福”“广”三大船型；还有水密舱壁、浮式指南针、可眠桅技术的出现、应用及不断发展。可以说，中国古代造船史也是一部科技发展史，凝结着中华民族的智慧。

今天我们去回顾曾经辉煌的海船文化时，不仅能从出土的一艘艘古代海船中找到古船扬帆的秘密，也能从一幅幅画卷中看到古代海船的瑰丽，还能在一页页古籍文献上发现海船文化的神奇……

在国家大力建设“海洋强国”与推进“一带一路”的新的时代背景下，古船，这个中国古代海洋与航路文化的见证，已成为一个特殊的文化符号，可以引领我们追随历史的脚步，共同找寻古船扬帆的历史记忆。

EPSON
DUK LING
A4833

目录 CONTENTS

成熟时期的中国造船与航海

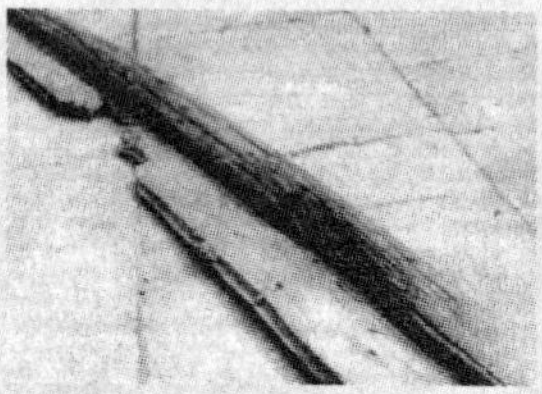

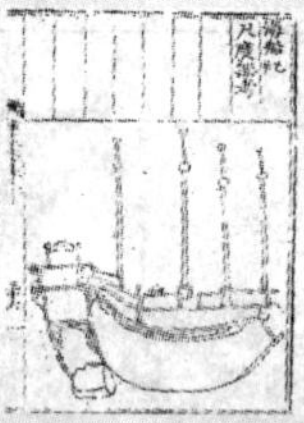

巅峰时期的中国造船与航海

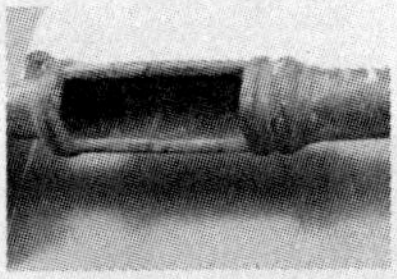

明末以后中国海船发展的新气象

隋代五牙战舰模型

早期的
中国海船文化

中国最早在什么时候出现了海船？人们至今不得而知。不过，徐福东渡的故事早已家喻户晓，这就证明最迟到秦代，中国的海船制造业已有一定规模，可以载着上千人漂洋过海了。唐代之前的悠悠岁月里，中国早期的造船技术不断发展，不仅出现了利用水密舱壁技术的八槽舰、“全天候”作战武器“海鹘船”；同时，海船文化还与艺术创作紧密相连，在远离海洋的河西走廊上，在南越王墓的随葬品里，都出现了与海船文化息息相关的图画或纹饰作品。在漫长的历史发展过程中，海船曾无数次成为中华文化的承载者。海船文化究竟是什么？早期中国的造船业给后人留下了多少宝贵财富？就让我们带着这样的问题，共同走进这一时期的海船世界。

关于
徐福东渡所用海船的猜想

在司马迁的《史记》中，曾有这样一段记载：“齐人徐市（即徐福）等上书，言海外有三神山，名曰蓬莱、方丈、瀛洲，仙人居之。请得斋戒，与童男女求之。于是发童男女数千人，入海求仙人。”这就是后人熟知的“徐福东渡”故事的最早记载。历史典籍中的只言片语为徐福的故事增添了太多的神秘色彩。长期以来，人们一直在猜想“徐福是谁？”“徐福是哪里人？”“徐福东渡最终去了哪里？”“徐福东渡出航地点在哪里？” 及“徐福东渡的航线是什么样的？”等问题，但至今也未能得出被公认的答案。在关于徐福的诸多疑问之中，有这样一个问题一直受到人们的关注——在公元前3世纪，徐福究竟用了怎样的船只带领数千人驶向未知的海洋？

“徐市载秦女，楼船几时回？”

唐代诗人李白曾写过一首名为《古风·秦王扫六合》的长诗。全诗用纵横捭阖的气势和惊心动魄的词句评点秦始皇一生的功过，史实与想象相结合，跌宕生姿，既包含浪漫激情，又不失现实批判。诗中一句“徐市载秦女，楼船几时回？”更是借用秦始皇求仙不成的历史事实来讽刺唐玄宗迷信神仙。这一句诗，也正式提出了对徐福东渡所用船只的猜想。

与李白同时代的戴孚曾搜集过唐以前的志怪故事，并将它们编成了《广异记》。这本书中写道：“（秦始皇）因遣福及童男童女各三千人，乘楼船入海，寻祖洲不返，后不知所之。”不知是否因受到李白的影响，戴孚同样认为徐福东渡所用的船只属于“楼船”。

到了宋代，精于道学的张君房对徐福作过专门的研究。在其辑作《云笈七笺》中，他写道：“（秦始皇）因访求精诚道士徐福发童男童女各五百人，率楼船等入海。”虽然张君房笔下徐福所带童男、童女的人数与前人记载有所出入，但他同样认为徐福是乘“楼船”开启东渡旅程的。

当然，这些都是前世文人对徐福所用海船的想象。“楼船”究竟为何物？出现于何时？……这些问题还需要我们继续研究。

楼船为何物

“楼船”是中国古代一种甲板上具有多层建筑，外观似楼的船舶类型。汉代典籍《释名》中有载：“其上屋曰庐，象庐舍也。其上重屋曰飞庐，在上故曰飞也。又在其上曰爵室，于中候望之，如鸟雀之警视也。”这是当时人对楼船形制的描述。从这段文字中我们可以看到，楼船的甲板之上设有庐、飞庐以及爵室三层。所谓“室”中“如鸟雀之警”，这应当是船舶驾驶、指挥处之所在。通过这段描述，我们至少可以确定楼船在汉代已经出现。

《武经总要》中的楼船

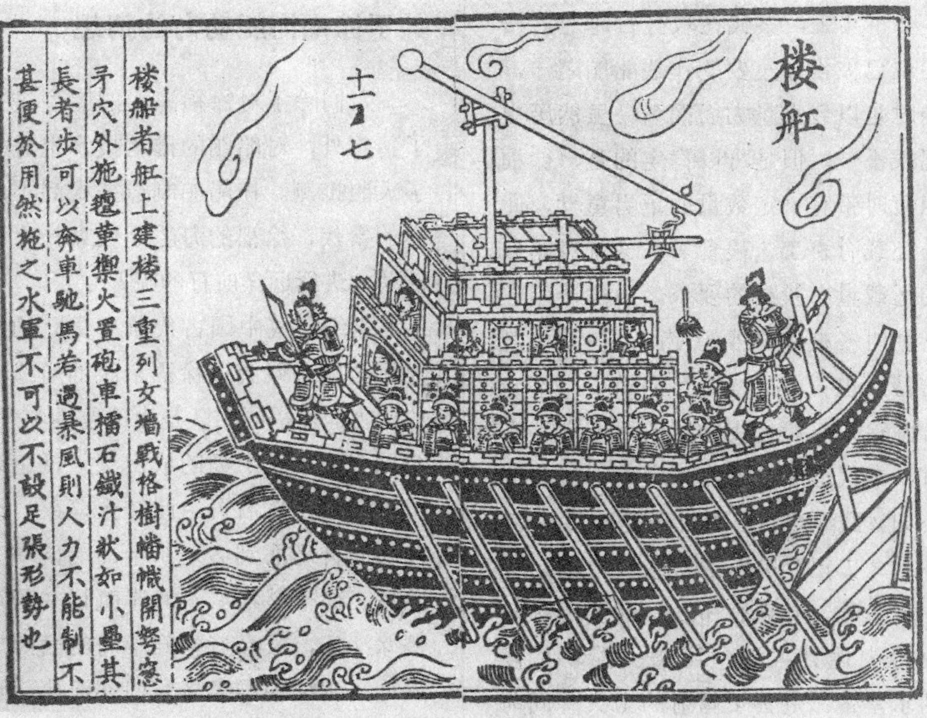

那么，它最早出现于何时呢？

翻开厚重的历史典籍，我们找到了有关“楼船”的最早文献记载——春秋末期，吴国大臣伍子胥仿效陆战车阵战法训练水师，称“楼船者，当陵军之行楼车也”。《越绝书》中也明确记载了战国初年越国徙都琅琊时“使楼船卒二千八百人”。这说明早在春秋战国时期就已出现了楼船，到徐福所处的秦代，人们能熟练驾驶楼船也就不足为奇。

事实上，秦代在攻打百越时，楼船也已被当作重要的作战船舶之一，当时是以载人量大而闻名。虽然历史记载不一，但是可以肯定的是，徐福东渡时带有一定数量的童男童女，此外还载有百工、粮食等，这就对船只的运载量有较高的要求。虽然楼船在秦朝时多被作为战船使用，但其本身的特点也符合徐福东渡的需要，不能排除徐福东渡使用楼船的可能性。不过，秦代造船技术尚未完善，楼船应不如《武经总要》所载那般高大。

《史记》中还曾记载，徐福之行一去数载，并未有所获，回朝后称其在途中遇到大鲛鱼阻碍去路，是以请求皇帝派遣善于弩射的士兵一同前往。这段记载给徐福东渡的故事增添了一丝海战气氛，只不过敌方是“大鲛鱼”。楼船形制的特殊性使得其极利于水兵以箭弩作战，而《史记》中关于这方面的文字更是表明了徐福出海所用船舶具备一定的海上作战的能力。虽然现代历史学家、船舶学家对此尚不能给出肯定的答案，但是也有不少专家认为徐福出海的船队中包括一定数量的楼船。

关于徐福海船动力的猜想

人们除了对徐福海船的船型进行了猜想外，对船舶的推动技术也进行了大胆推测。在船舶制造技术尚不成熟的秦代，徐福的海船是依靠什么样的动力进行远洋航行的呢？

主编过《中国古代航海史》的孙光圻教授曾研究过徐福东渡的航线。他认为，徐福的船队是由琅琊港出发，绕过今天山东半岛的成山头，抵达芝罘港一带；然后再由此转至蓬莱，经今庙岛群岛而到达辽东半岛的南端。此后，徐福继续沿着海岸航行并跨过鸭绿江口，又沿着朝鲜半岛的西海岸航行，到达朝鲜半岛东南部海岸，也

徐福东渡海船猜想图

就是今天釜山、济州岛一带，此后再向东航行到达日本。

从朝鲜半岛抵达日本的途中需要穿越朝鲜海峡，以当时的技术水平来说，这是一条难度极大的航线。因为在这里会遇到流速为 1~1.5 节的对马暖流。如果只靠划桨前行，这段航路将异常艰巨。那么，徐福的船队还借用什么样的动力呢？人们自然而然想到了风帆。

风帆是推动船舶前行的工具。它利用自然风作为动力，使船舶不再受人力资源的局限，船舶航行范围得以大为扩展，同时也使船舶的航速有了极大的提高，从而促进了远洋航行的发展。风帆的出现，是船舶发展史上的一个里程碑。

那么，中国的风帆出现于何时？秦代徐福船队中的船舶是否已使用风帆推进？虽然迄今学界对风帆出现的年代尚无定论，“殷商说”“战国说”“汉代说”等多种观点争论不一，但随着近年的考古发现和研究，越来越多的学者开始倾向于“战国说”。因为无论是历史文献的记载还是战国青铜器上带有风帆图案的船纹，都证明风帆推进技术至晚在战国时期就已经出现。如此看来，徐福的海船在东渡过程中利用风帆推进不是没有可能的。

不过，徐福所处的时代即使用了风帆，那也是比较原始的，当无风时或者风不顺时，船只能依靠众多水手划桨而行。尽管如此，在距今 2200 多年前的秦代，徐福能够进行如此高难度的海上航行，不可不谓中国航海史上的一个壮举。

“徐福东渡”在中国海洋发展史上的地位十分突出，而伴随着徐福壮

浙江宁波鄞州出土的战国青铜钺

举的那一艘艘海船却容易被人们忽略虽然仅凭历史文献我们无法复原它们的本来面目，但它们依然给人我们留下了无尽遐想：秦代的造船匠人究竟拥有怎样高超的工艺，才能制造出能够载着成百上千人航向远洋的舟船呢？

羽人船纹铜提桶上的海船纹饰

广州，古称番禺。城北有一座越秀山，风景秀丽，是当地有名的旅游景区。位于越秀山最西边的是一座形如卧象的小山坡，名曰“象岗山”。那里树木参天，溪流淙淙，可谓山明水秀。1983年6月，一支工程队的到来打破了象岗山的平静，那里将被轰轰作响的挖掘机削平，矗立起一座座拔地而起的高楼。可就在施工过程中，人们发现了从汉到明的几座古墓。其中，一座年代较远的古墓石壁造型粗犷，墓的一角还置有一尊巨大的铜鼎。这引起了考古工作者的高度重视。经过细致的发掘，考古工作者证实这座陵墓的主人是2000多年前的第二代南越王赵眜（？—前122）。这一重大发现震惊了中国考古界，被誉为近代中国五大考古新发现之一。

南越国与南越王墓

秦始皇统一中原后，开始致力于征服岭南一带的百越之地。始皇二十八年（前219），屠睢、赵佗受命率领50万大军前去平定岭南。经过四年的努力，岭南地区划归秦朝的版图。而此后，赵佗并没有离开岭南一带，而是在龙川筑城辟地以为治所，亲任龙川县令，以加强对岭南地区的统治。他一面采取“和辑汉越”的政策，安抚百越人；一面向秦始皇上书，要求输送中原人到岭南之地，以传播

“文帝行玺”金印

中原文化。这些措施极大地促进了岭南地区的发展，也为赵佗收获了不少人心。

秦朝灭亡后，赵佗不服刘邦、项羽的统治。汉高帝四年（前 203），他起兵兼并了桂林郡和象郡，同时在当地汉、越两族的拥护下，以番禺为国都，建立南越国，拉开了南越国 95 年历史的序幕。

赵佗死后，第二代南越王赵眜即位。历史上对他的记载极少，只知道他是赵佗的孙子，公元前 137 年至公元前 122 年在位，谥号文王。1983 年，象岗山汉墓中出土了一方“文帝行玺”金印和一方“赵眜”玉印，这才确定了墓主人的身份，也第一次让人们真切地感知到了 2000 多年前的南越王朝。

南越王墓是一座“凿山为藏”的石室墓，按照竖八凿洞的方法构筑而成，建筑面积约为 100 平方米，内部采用“前朝后寝”的规格布局，共分 7 间墓室。考古工作者在南越王墓里发现了各种随葬品 1000 余件，遗物的丰富繁多显示了墓主人身份的尊贵和南越王朝的繁荣。

在南越王墓所出土的文物中，青铜器占有十分重要的地位。墓中出土的 500 多件青铜器具品种繁多、工艺精湛，形制上极具地方特色，而其中 9 件名为“羽人船纹铜提桶”的器具，更被看作是典型代表。

提桶有对称贯耳以供系绳，是一种极具时代特色和地方风格的器具，流传于战国末年到西汉时期的百越地区。根据其形制，考古学家认为提桶可能是一种古代盛水用具。

南越王墓出土的这9件铜提桶中，有一件以羽人船纹为主晕，它是目前考古发现中唯一一件以实物为主晕的提桶。其高约 40.7 厘米，外部共有 4 条晕带，其中第二条饰羽人船 4 艘，船只头尾两端高翘，并饰有旌旗。每条船上有羽人5名，这些人大都头顶长羽冠，冠下有双羽翼，下身饰羽毛状短裙。他们形态各异，或划桨，或持钺，或击鼓，或抓俘虏……

船与船之间还有水鸟、海龟、海鱼等动物形象作为装饰，形态生动，工艺精美。广州临海，多遇海患，而在古代南方民族中，越人以鸟为图腾，有专家据此推断，所绘的应该是杀俘虏祭海神的场面。这是迄今为止中国考古史上发现的规模最大、最为完备的早期海船图形，对我们认识秦汉时期的古越海船文化有着非常重要的意义。

羽人船纹铜提桶

秦汉古越海船文化

秦汉时期的广东沿海地区是古越人民的聚居地。古越人民自远古时期开始，就以善于造船、精于泛海而闻名，素有“以舟为室、以海为田”之称。到了秦汉时期，古越族的船舶制造业取得了新的发展。

古越人能制造出不同类型的船舶，技艺精湛的古越工匠还乐于将自己喜欢的船纹刻于青铜器上。除了前面提到的羽人船纹铜提桶外，一些铜钺、铜鼓上也有类似的船纹。这些绮丽多姿的船舶纹饰，反映了古越族船舶类型的多种多样，从中也能看出古越人海外交流的频繁。

在这一地区出土的一个铜鼓上，人们同样发现了羽人船纹。这些纹饰与广州南越王墓出土的铜提桶羽人船纹图案大有相类之处，都显示了古越人海上活动的情景。值得一提的是，1976年，广西贵县罗泊湾一个西汉墓中出土了两个铜鼓，其上都刻有双身船纹。这种双身船被称作“舫”或“方舟”，是为了增加船舶的浮力和稳定性而制造的连体船，在当时无疑是一个技术上的进步。今天，人们在南太

古越翔鹭纹铜鼓

平洋群岛周边还能看到这类双身船，或许这是古越海船文化带给世界的贡献。

不少国内外学者认为，中国南部沿海的古越船舶曾到过南太平洋的诸多岛屿。古越先民在将先进的航海经验和造船技术传播到南太平洋的同时，也影响了当地的海洋文化。已故民族学家梁钊韬教授在看到羽人船纹铜提桶后指出：南太平洋群岛波利尼西亚船民祭祀的水神“Tnaagroa”与中国东南沿海地区古越船民祭祀的水神可能存在着历史渊源关系。或许就是在西汉时期，古越人乘着双身船，漂洋过海，迁移到南太平洋群岛，成为波利尼西亚人的祖先。

古越，在历史上有很长时间被称作“蛮越”，这是受汉文化影响较深的中原人对南方蛮荒之地人的蔑称。可就是在这蛮荒之地，古越人凭借着临海而生的优势，发展出先进的海船制造技术。而让人们注意到古越海船文化的羽人船纹铜提桶，乃是发现于南越王墓中，这似乎是在向世人说明：正是赵氏家族带来的汉越融合，才进一步促进了古越的造船技术，使得古越海船文化不仅影响了中国，也影响了世界。

波利尼西亚双身船

八槽舰——最早的水密隔舱记载

晋代（265—420）被认为是汉末以后中国历史的中衰时期。可就在这短短的100多年间，中国造船业呈现出了蓬勃发展之势。无论是法显由印度东归的航海故事，还是义熙年间（405—418）车轮舟的创造，都显示了晋代造船业发展的强劲势头。而论起晋代造船业的发展，最值得一提的是八槽舰的出现。八槽舰是中国乃至世界见于记载的最早运用水密隔舱技术的船舶，对世界造船史产生了深远影响。

孙恩、卢循起义与八槽舰

东晋末年，朝政腐败，浙东地区赋役苛重。农民不堪统治者的残酷剥削，纷纷揭竿而起。隆安三年（399），孙恩与他的妹夫卢循自海岛起兵，杀上虞县令、攻占会稽（今绍兴），并迅速占领了包括会稽在内的八郡，史称“孙恩、卢循之乱”。

这场战乱持续了12年之久，波及长江中下游及以南的广大地区。虽然孙恩、卢循最终以失败而告终，但他们也沉重地打击了东晋门阀士族势力，具有深远的历史影响。值得一提的是，这场战争中多用水战，孙恩、卢循军两次航海南下，客观上对舟船技术的进步产生了巨大的推动作用。

在孙恩、卢循军中的战舰中，有9艘名为“八槽舰”的战舰。每艘战舰各有4层，高12丈。经现代船舶学家复原后的八槽舰，总长29.4米，水线长24米，宽5.6米，深2.5米，吃水1.8米。在1600多年前的晋代，我国先民能造出如此巨大的战舰，真可谓海船建造史上的一次壮举。

八槽舰采用尖底、首尾起翘的船型，这种形制便于海船在战斗中行驶。同时，甲板之上布有舱室，一来便于瞭望和指挥，二来便于士兵发射箭矢，充分考虑到了水上作战的特殊情况。

造船史上的巨大进步：水密舱壁

水密舱壁技术的出现，在中国有着深刻的历史渊源。曾有西方学者认为，中国人发明水密舱壁是借鉴了竹子的横膈壁。竹子多生在中国南方的山林中，竹节的横膈壁将竹子分割成多个空竹筒，智慧的中国先民就从这里找到了造船的灵感。

4 世纪末 5 世纪初的八槽舰是否借鉴了山林中的竹子已无从可知。能确定的是，在当时建造的八槽舰中，人们运用 7 个厚隔板将船分为了 8 个互不相通的船舱，这成为目前可考的使用水密舱壁技术的起点。

竹子剖面

水密舱壁技术的运用，使得即使战舰的某一船舱因触礁或是被攻击损坏而淹水，也不会殃及其他船舱而导致整个船沉没，这无疑加强了船只的抗沉性；此外，由众多舱壁来共同支撑船壳和甲板，也增强了船体的坚固性。与此同时，有了舱壁这样坚固的横向结构，桅杆得以与船体紧密连接，从而使得多桅多帆在中国古船上的运用成为可能。当然，在货运船只中，隔舱的设置还便于货物的存放与管理。

中国古代的船只都是木制的。木板与木板之间的衔接处如何保证完全不透水，是水密舱壁技术必须解决的难题。智慧的中国先民想到了一个解决办法，那就是用艌料充填板缝之间的空隙。艌料是由麻丝（或竹丝）、桐油、石灰（或贝壳灰）做成的。桐油是中国特产，它形成的漆膜坚韧耐水，石灰与桐油捣合后有很强的粘接性，而麻丝有很好的充填、防止开裂、增强附着力和机械强度的作用，艌料由此能够确保“水密”之效。

水密舱壁对世界的贡献

尽管现代船舶学家、历史学家一直力图从历史的零星记载中复原“八槽舰”的原貌，但遗憾的是迄今为止仍没有发现晋代或是其以前的实物。即使如此，大量考古发现还是找到了证明“水密舱壁”技术广泛使用的证据。1960 年在江苏扬州施桥镇发现的唐代木船，和 1973 年在江苏如皋出土的唐代木船都使用了这项技术。这两艘古船也是目前考古学界发现的最早使用这项技术的实物。此后，越来越多使用这项技术的古船被发现，足以证明水密舱壁与中国造船史密不可分。

水密舱壁技术不仅改变了中国，还影响了世界。13 世纪，意大利旅行家马可·波罗（Marco Polo）来到中国，看到中国的船舶中广泛使用这项技术，惊叹不已，专门将他的所见所闻写到了《马可·波罗行纪》当中：“若干最大船舶有最大舱十三所，以厚板隔之，其用在防海险，如船身触礁或触饿鲸而海水透入之事，其事常见……至是水由破处浸入，流入船舶。水手发现船身破处，立将浸入舱中之货物徙于邻舱，盖诸舱之壁嵌甚坚，水不能透。然后修理破处，复将徙出货物运回舱中。”

马可·波罗看到了水密舱壁的安全性、实用性。当他的著作在欧洲广泛流传时，当地人被书中所描绘的东方财富所吸引，并没有对“水密舱壁”

江苏如皋出土唐代木船结构示意图

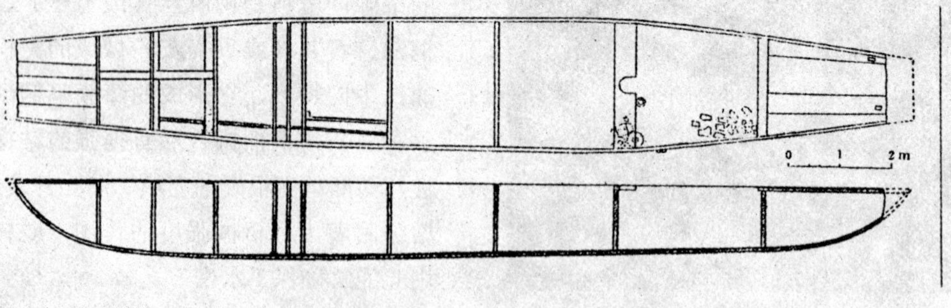

八槽舰模型

给予足够的重视。直到18世纪末19世纪初，英国海军总工程师塞缪尔·本瑟姆爵士（Sir Samuel Bentham）才设计出隔舱结构的轮船。而此时，距八槽舰的出现已约有1400年，距马可·波罗将水密舱壁原理传到西方也已过去了5个多世纪。

英国著名科学技术史专家李约瑟（Joseph Needham）曾评价道：“19世纪早期，欧洲造船业采用这种水密舱壁技术是充分意识到中国这种先行的实践的。”

如今，在浙江嘉兴古运河之畔，坐落着中国第一座船文化博物馆。一艘八槽舰模型陈列其中，被人们视为中国船文化发展过程中的一个重要节点。八槽舰虽已被东晋末年的战火淹没，但它背后所包含的历史价值和文化底蕴值得我们永远铭记。

莫高窟第 45 窟壁画中的唐代海船

有着“满墙飞动，天衣飞扬”特点的宗教壁画是一种浑厚博大的综合艺术，素有“墙上博物馆”的美誉。在中国各地的壁画中，敦煌壁画最为独特。它规模庞大、内容丰富、技艺精湛，在中国艺术史上占有重要地位。

敦煌，位于河西走廊的最西端，是古代陆上丝绸之路的必经之地。著名学者季羡林先生曾说过：“世界上历史悠久、地域广阔、自成体系、影响深远的文化体系只有四个：中国、印度、希腊、伊斯兰，再没有第五个；而这四个文化体系汇流的地方只有一个，就是中国的敦煌和新疆地区，再没有第二个。”正是因为独特的地理位置，使得敦煌壁画汲取了东西方文

莫高窟九层楼

化的影响，成为世界艺术史上的奇葩。令人惊奇的是，在敦煌这个连水都很少看到的地方，莫高窟中却赫然绘有唐代海船的模样。而这幅题为《观音普门品》的壁画也已因之成为敦煌壁画艺术中的瑰宝。

《观音普门品》中的海船故事

敦煌石窟中的历代壁画有 5 万多平方米，这些壁画大都以佛教为主题。其中，有一重要类型的壁画被称作“经变画”，即利用绘画的艺术形式，通俗易懂地表现出深奥的佛教经典。莫高窟 45 窟中的绘画就属于这一类型。

学者研究认为，莫高窟 45 窟始建于盛唐时期，后于中唐、五代时期重修，其南面整面墙壁描绘了大型的观音经变，是敦煌经变画中的代表作。为什么会在这样一幅绘画中出现海船的身影，这还要从佛教《观音普门品》中的海船故事说起。

《观音普门品》源自《妙法莲华经》中记载的这样一个故事：有一群人入海求宝，忽遇黑风，漂至罗刹鬼国，随行船员中有人念观音法号，遂得以获救。人们在莫高窟 45 窟壁画中还发现了这样的榜题：“若有百千万亿众生，为求金银、琉璃、砗磲、玛瑙、珊瑚、真珠等宝，入于大海。假使黑风吹其舨舫，漂至罗刹鬼国。其中若有乃至一人，称观世音菩萨名者，是诸人等，皆得解脱。”这则榜题明确了壁画所绘是《观音普门品》中充满神话色彩的故事。这是一个以海船遭风遇难为主题的故事，宣扬的是观世音菩萨普度众生的佛教思想。但若要表现这个绘画主题，必然会用到一个不可或缺的元素，那就是海船。在 45 窟南壁西侧壁画的榜题之旁，敦煌画师就描绘了一艘扬起黑白两色条纹风帆的船舶。从莫高窟 45 窟的建造时间来推断，这艘船应该是唐代的海船。迄今为止，中国考古学界尚未能找到唐代的海船实物遗存。虽然历史文献中记载了部分海船的规模、样式，但是，这幅敦煌壁画中却给出了形象化唐代海船独一无二的例证，可谓意义重大。虽然它不能全面反映当时海船制造技术的先进性，但能出现在这样居于内陆的石窟里，亦可见唐代航海、船舶在当时社会生活中的重要性。

壁画中的唐船

莫高窟第45窟的壁画中所绘制的航船长约1米、高约80厘米。从画中人们可以清晰地看出这是一艘木制船，船只被舱壁隔成3个部分。在靠近船头的那一道横向隔板之上树起了一根长长的桅杆，桅杆上悬着一面黑白条纹相间的风帆。两名冠带整齐的人一左一右控制着帆绳。船上共有12人，除了两人控制风帆外，船首有3名船夫手持长篙顶于肩，像是要驶离海岸。此外，船尾还有一人掌控船向。船舶的造型、结构、线条都十分清楚，是研究中国唐代舟船文化的重要史料。

通过壁画，我们可以看到整个船舶是十分简单的。船舶采用单帆，《释名》有言："帆，泛也。随风张幔曰帆，使舟疾泛泛然也。"从汉代起，中国就有了相当成熟的使风技术。也正是因为风帆的作用，中国帆船才能够跨越海洋，开辟"海上丝绸之路"。历史文献中对于风帆早有记载，在战国时期的青铜器上人们也能看到类似的风帆纹饰。虽然考古学界找到了不少中国古代船舶的实物遗存，但由于风帆易破损、腐蚀，其实物在船舶考古中尚未被发现。因此，有西方学者认为"古代中国人不会使用船帆"。莫高窟45窟壁画中的唐代海船图极好地反驳了这些西方学者。从壁画中，人们不仅看到了一面顺风而行的船帆，仔细观察桅杆的顶部还能发现，这面风帆是可以升降的，这说明了当时中国的风帆技术已经十分成熟。

壁画中船头上有3名船夫撑篙作业，这是这艘海船得以前进的动力来源之一。篙出现的年代比较早，至少在汉代就已广泛应用。篙是由长竹竿或者长木杆做成的，船员利用篙撑水底或岸边地物，可使舟船向用力相反的方向推进。篙制作简单，使用方便，最适于近岸航行或是在浅水中航行的船舶使用，同时也是帮助船舶靠、离岸的有效工具。

从敦煌壁画看唐代海船的社会影响

虽然，壁画中的唐代海船绘制得相当简单，但是，能在居于内陆的敦煌壁画中找到一件反映唐代海船文化的瑰宝实属不易，由此可见当时海洋和船舶文化的社会影响之深远。

事实上，随着唐代海外贸易的发展，海洋船舶制造技术已日臻成熟。当时的海船以船身大、容积大、构造坚固、抵抗风浪能力强而著称。唐代海船本应作为“海上丝绸之路”的象征，却神奇地出现在陆上丝绸之路上，这是一种怎样的机缘！敦煌壁画上绘制的这一唐代海船形象，理当被视为见证唐代对外开放的文化印记。

8世纪末9世纪初，中国有位名叫贾耽的宰相，他曾考订过唐代交通四邻的七条路线，其中两条是海上的交通线，分别是南方的“广州通海夷道”和北方的“登州海行入高丽、渤海道”。虽然他记载了这些路线，但是有多少船只航行于这两条交通线上，人们却不得而知。考古学界已经找到了多艘唐代河船的遗存，但至今仍没有发现唐代海船的遗存。人们只能通过敦煌壁画中那简单的描绘去想象唐代海船的规模、样式。我们期待有朝一日，能够听到考古发现唐代海船的好消息。

第45窟壁画

日本遣唐使船

2010年5月，第41届世界博览会在上海举行。不同国家各具特色的展馆吸引了来自海内外的亿万名游客。以“心之和、技之和”为主题的日本国家馆融合现代风格与日本传统特色，使游客置身其中不仅能感受到日本现代科技的先进性，也能感受到中日两国的密切往来。日本馆最引人注目的就是一艘复原的日本遣唐使船。这是一艘由日本角川文化振兴财团主持，读卖新闻社等机构出资按1比1比例建造的“遣唐使船”。之所以将这艘船展示在上海世博会日本馆中，不仅因为它是日本派遣遣唐使乘

世博会展出的复原遣唐使船

坐的重要交通工具，更因为它是中日文化友好交流的象征。中国隋唐时期的先进文化正是在这样一艘艘遣唐使船的运载下，为日本封建时代的繁荣发展作出了极其重要的贡献。

日本遣唐使团

建立于618年的唐朝，在中国历史上地位显赫。在经济、文化上达到鼎盛的同时，唐朝也极力扩大同外域的海上交流，发展航海、造船技术。隋唐时期国力昌盛，先进的科学技术和文化吸引了同中国一衣带水的邻邦——日本。日本不畏艰难险阻，频繁派遣使节、僧侣、学生前来中国学习先进的吏制、历法、建筑、诗歌、医学、教育、茶道、佛法等。这不仅成为日本国内封建化的基础，也是中日两国文化交流史上的一段佳话。

所谓遣唐使，实际上是日本派遣的大型官方使团，他们的使命是同中国进行政治、经济、文化、外交等各方面的交流。使团一般设大使一人、副使一人，此外还有判官、翻译、领航员、医师、贸易人员、僧人、画师、录事、学士等，使团的规模之大可见一斑。日本船舶学家上野喜之郎在其《船的世界史》中写道："自630年到894年的264年间，日本计划派出遣唐使计有18次，然而实际成行的只有15次。"由此可见日本派遣遣唐使的频繁。而这背后一定有一个客观的必备条件，那就是中日之间海上航道的开辟、发展，以及航海技术的发达。

这一时期，中日两国在黄海、东海及日本海上开辟了多条海上国际航线，而这些航线的开辟和发展都离不开两国造船师和航海家多年的奋斗与牺牲。

中国造船术与日本遣唐船

唐朝时，日本的社会生产力还十分落后，造船业也不发达。著名学者木宫泰彦曾这样形容当时的日本船只："非常脆弱，船身前后拉力小，一旦触礁，或因巨浪而颠簸，便马上会从中间断开。"因此，他认为遣唐使船的"建造者和驾驶者，大都是唐人"。

有日本学者研究认为，8世纪以前，遣唐使船每次都是两艘同行，总人数约为240人；8世纪以后，船只增至4艘，总人数可达500人。如此算来，每艘遣唐使船的载客量应该在120人左右，非吨位大的过洋船不可为之。日本海事史学会会长石井谦治推断，以当时日本国内落后的生产力，可载百多人过洋的航船恐难为之。

1975年，日本发行了遣唐使船邮票。从这张邮票中，可以大致看出遣唐使船的结构、形制：船舶的两帆是用篾席制成的硬帆，其优点在于可以利用侧向来风行驶；船舶的首部设有绞碇机，碇石属于木石结合碇；船只舷侧缚有竹橐，这样的设计有两个好处：一是可以用作载重线的标志，限制船舶的装载量，二是在船舶行驶过程中，如遇风浪横摇，可增加入水舷的浮力，以减少横摇的幅度，保证船只的安全。

由此可见，遣唐使船不仅体量庞大，同时结构也十分优良，在当时应属世界先进水平。可以肯定的是，在中日之间频繁交流、日本极力向中国学习的历史背景下，日本必然借鉴、引进了中国先进的造船技术，对其船舶进行改造。鉴于此，接下来我们就不得不谈谈中国船舶制造技术的东传。

中国造船技术的东传

中国造船技术的东传有着悠久的历史。1977年，山东荣成松郭家村发现了距今3000~3800年的独木舟。这艘独木舟有着十分独特的造型——底部有着两个横向的凸台。与之相映成趣的是，日本千叶县也出土了同样有着两个横向凸台的独木舟，可年代却晚于荣成发现的独木舟。考古学家就

山东荣成松郭家村发现的独木舟

此推论，早在商周时期，中国的造船技术就已开始影响日本。

隋唐时期，中日交往十分密切。两国之间航船往来不断，日本派到中国的遣唐使团将中国制度、文化带回日本的同时，也把先进的造船技术随着遣唐使船的风帆一起引进了日本。典型的例子如船尾舵、橹及绞车技术。

舵是船舶重要的操纵工具，具有控制航向的重要作用。中国古船中出现船尾舵大致是在汉代。12 世纪，日本画师描绘了日本遣唐使吉备真备入唐的情景，是为《吉备大臣入唐绘词》。在这幅画中，人们可清晰地看到一艘拥有船尾舵的遣唐使船。同样是在这艘船上，人们还发现了绞车的痕迹，这也是中国造船技术中的重大发明。所谓绞车，俗称辘轳，是船舶上的起重工具，用以升降帆、舵、碇等。隋代著名的五牙战舰就使用了这项技术。借由日本画师的画笔，我们可以看到这项技术已在唐朝传到了日本，并用于遣唐使船之上。

日本天平十九年（唐天宝六年，747），光明皇后赐给遣唐使藤原清河一首御制歌："大舶插满橹，送汝赴唐土。且祝神与祇，海上多庇护。"中国汉代人发明了橹这一高效的船舶推进工具。而从光明皇后的诗歌中，我们也能看出日本遣唐使船对"橹"的运用。在此之前的笠朝臣金村赠遣唐使歌当中也有"大舶左右插满橹"这样的句子。虽然，目前史学界对橹这项技术何时传到日本还存有争议，但至少可以肯定的是，日本遣唐使船上已应用了这项技术。

船是人们熟悉的水上交通工具，置于一个特殊的历史背景下，它可能变成两国友好往来的文化象征。一艘艘遣唐使船带来了一批批潜心学习中国文化的日本官员、学者，也带走了

起锚绞车

中国先进的造船技术和航海技术。如果不是这些船，我们可能看不到日本的大化改新的光辉历史，也可能听不到李白“哭晁卿衡”的文坛佳话。由此，我们就可以理解日本人为何会在上海世博会上将遣唐使船模型作为国家馆的镇馆之宝——因为它已远远超出了船舶本身的意义，代表着历史，更象征着未来。

海鹘船

中国利用舟师进行水战的历史十分悠久。早在春秋时期，楚康王出师讨伐吴国时，吴国的伍子胥就曾建造战船大翼、中翼、小翼以对抗楚军。汉武帝的丰功伟绩中，也有“凿昆明池置楼船将军以平百越”的一笔。到了东汉，伏波将军马援曾率领大小楼船2000余艘南击交趾（今越南北部）。从东汉末年到唐初历经400多年，各股势力分裂割据，农民起义不断，从陆上到海上连年争战。海战必然促进了海上装备技术的进步。到了唐代，水师中出现了由多种舰艇组成的混合舰队，而“海鹘船”就是一种特殊的水战舰艇。

唐代水师混合舰队

唐王朝鼎盛之时，经济繁荣，疆域广袤，文化昌盛，十分重视与其他国家的交往。在南边，开辟了“广州通海夷道”，船只可抵达波斯湾及其以南地区，中国船员甚至在非洲东岸也留下了的足迹；在北边，通过“登州海行入高丽、渤海道”，同日本、朝鲜半岛地区进行贸易往来和文化交流。

无论是为了保护国际贸易船只的安全，还是为了巩固唐王朝的统治，建立一支强大的水师对当时的统治者来说都是十分必要的。时人李荃曾写

海鹘船图

过一本被列为“古代十大兵书”之一的《太白阴经》，书中对唐代的军仪典礼、攻防战具、驻防行军、战阵队形等都有详细记述。其中有一篇名为《水战具》，可供我们大致了解唐代水师舰队的概况。

在李荃的记载中，唐代的水师拥有楼船、蒙冲、战舰、走舸、游艇、海鹘六种战舰。这些战舰的战术作用各不相同，船上建楼三重的“楼船”用来彰显水师气势，相当于今天的旗舰；而“以犀革蒙覆其背”的“蒙冲”，能将敌军的羽箭阻挡在外，相当于今天的装甲舰；“战舰”则前后左右皆可迎敌，无腹背受敌之虞，相当于今天的战列舰；“走舸”则以速度快而见长，“往返如飞”，可以乘其不备而攻敌，相当于今天的快艇；而所谓

"游艇"则相当于今天用来侦察敌情的巡逻舰。

这五种类型的战舰各具特色，虽是对前朝船型的继承与发展，但是出现在同一水师里，相互配合，各自发挥其优越性，展现了唐朝水师作战技术的进步。而最值得一提的是，唐代水师中还出现了一种新型的战船——海鹘船，它的出现使得水师全天候作战成为可能。

海鹘战船

"鹘"是古书中记载的一种短尾鸟。唐人制造出一种头低尾高，前大后小，形状犹如鹘鸟的战船，故将它的名字取作"海鹘"。更为奇特的是，制造者还在船的左、右两侧设置了浮板，看上去犹如海鸟的两个翅膀，这也是中国造船史上继龙舟、凤舟之后的又一仿生设计。

正是这种特殊的设计，增强了船只的平稳性，也大大增强了海鹘船的抗风浪能力，使其在气候恶劣的情况下也能够进行海上作战，成为一种全天候的战舰。

现代船舶学家曾根据历史记载对唐代海鹘船做过复原工作。将唐代尺度与今天米数换算可知，复原后的海鹘船长 30.7 米，宽 9 米，型深 4.3 米，分为 10 个水密舱。史书记载海鹘船"背上左右张生牛皮为城"，这种做法无疑会提高航行的安全性。而若遇到敌军用火攻，生牛皮对船体也能起到保护作用。海鹘船的甲板上还插遍了各类牙旗，并设有战鼓以张其势。

从《宋会要辑稿》的记载中，我们还能看到一种"车船式海鹘"。所谓"车船"，或言"车轮舟"，实际上是对桨的发展，最早出现在晋代。桨在操作时只能做间歇的、前后直线式的运动。晋人将桨的叶片装在轮子的周边，使得这种木叶轮可以完成圆周、连续和旋转的运动，由划桨摇橹改为由多人脚踏转轴，大大提高了航行效率。这种灵活的车轮推进方式提高了船只的机动性，这一点对战船尤为重要。虽然我们知道宋代的海鹘船已经使用了这种先进技术，但还没有找到证据确认唐代的海鹘船是否已经应用。海鹘船在后代的利用和发展，也让我们从一个侧面了解了其在战斗中所发挥的功效，并印证了其优越性。

影视基地中的道具车船

“虽风浪涨天，无有倾侧”的秘密——减摇装置

直至今日，人们言及海鹘船，谈论最多的还是它“虽风浪涨天，无有倾侧”的神奇能力。在1000多年前的唐朝，科技水平尚不发达，造船工匠们究竟想到了怎样的办法，使得海鹘船能够成为全天候的战舰？海鹘船上又到底藏有怎样的秘密？

海鹘船的结构独特，头低尾高，前大后小，这种形制的船只摇摆幅度相对较小，在风浪中也能保持较好的稳定性。这是海鹘船成为“全天候”战船的重要原因。在天气极其恶劣的情况下，海鹘船仍然能够正常行驶，单单将原因归于船舶的外部形制显然不够，我们还需要找到海鹘船内部装备上的秘密。史载海鹘船“舷下左右置浮板，形如鹘翅”，秘密或许就在这里。到底何为“浮板”，学界尚未能给出统一答案，但有一种说法认为它具有与“减摇龙骨”类似的减摇作用，这正是海鹘船的奇特之处。

所谓“龙骨”，是一个舰船术语，是船底中央连接船首柱和船尾柱的一个纵向构件。其作用主要是支撑船身，使船只更坚固，同时具有一定的抗风

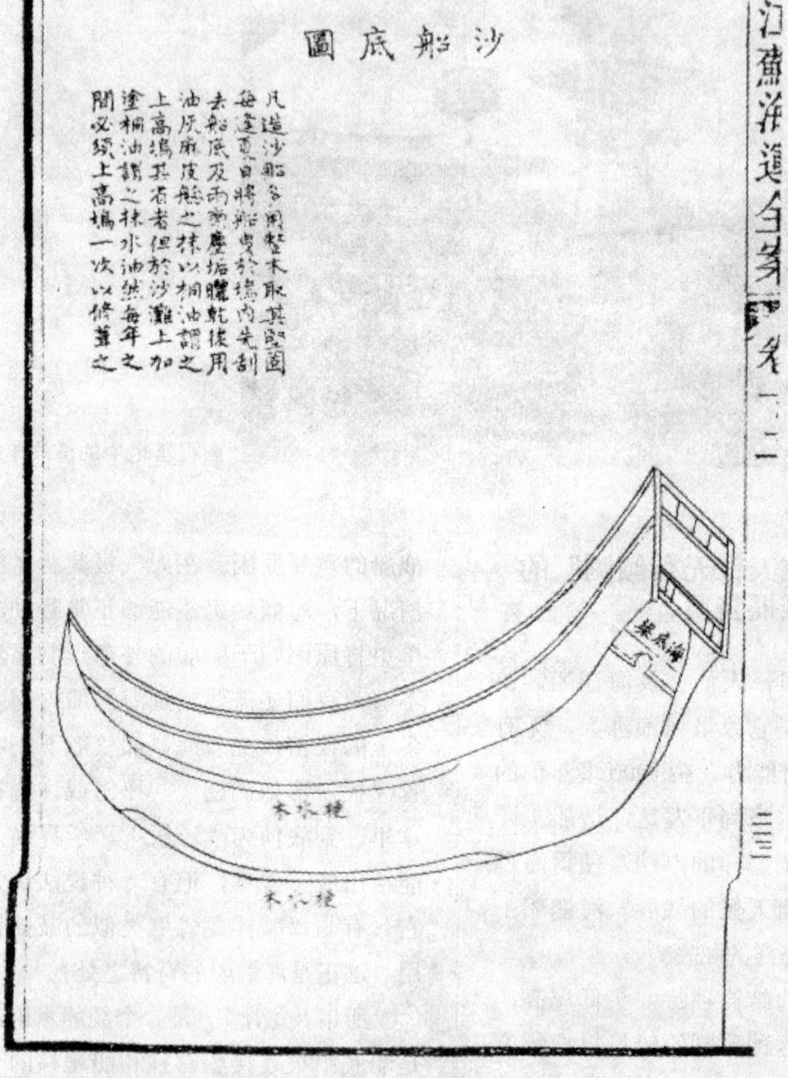

《江苏海运全案》中记载的梗水木位置图

浪能力。但是，通常船只的龙骨只有一条。清人贺长龄曾写过一本《江苏海运全案》，书中介绍了一种“梗水木”的船舶装备，这是设在左、右舷下船舶底部向舷部转弯部位的两条木板。顾名思义，梗水木在船舶遇风浪发生横摇时具有阻水作用，从而减轻船舶的摇摆，增强船舶的稳定性，因此又有“减摇龙骨”之称。

无论是装备的数量、位置还是取得的功效，《江苏海运全案》中的“梗水木”都跟海鹘船的“舷下浮板”有着惊人的相似之处。因而，我们有理由推测海鹘船“虽风浪涨天，无有倾侧”的秘密就在于此。

但我们还是有一个疑问，《江苏海运全案》的作者生活在清朝中期，而海鹘船最早见于唐朝记载，两者相隔千年，如何证明唐朝人就已经掌握了减摇技术？令人庆幸的是，考古学界给人们带来了好消息：1978 年宁波发现了北宋海运码头和古船，证实宋代船舶中就已使用了这项技术。这一发现将“减摇龙骨”出现的时间提前了 700 年。

遗憾的是，历史文献中对于海鹘船的记载实在太少，目前考古学界也还没有找到一艘唐代的海鹘船遗存。学界对于海鹘船的研究仍在继续，我们期待着海鹘船实物遗存的出现来彻底解开人们心中的迷惑。与此同时，我们仍要感叹于唐朝海船技术的发达。无论是全天候战船海鹘船的出现，还是多舰艇联合舰队的发展，都显示了唐人造船技术的发达和经略海洋的勃勃雄心，这也正是一种大国气度，对于今日的中国而言仍有借鉴意义。

新安元代沉船复原模型

成熟时期的中国造船与航海

宋元时期，中国的科技发展走向成熟，被称为中国古代“四大发明”之一的指南针的由来，便与它在航海上的运用息息相关，这项技术对世界航海技术的发展影响深远。虽然，宋元时期距离现在已近千年，但幸运的是，包括“南海Ⅰ号”、后渚港沉船、新安沉船、蓬莱元战船在内的多处考古发现为学界提供了实物资料，成为我们认识古代中国造船业的第一手资料。走向成熟的中国造船，也影响了世界。出生于水城威尼斯的旅行家马可·波罗在游历中国的旅途中，目睹了中国造船的奇迹。他在后来所写的游记中给予了中国造船业高度评价。接下来，就让我们共同走进宋元时期，走进处于成熟阶段的中国海船世界……

“南海Ⅰ号”

中央电视台和国家文物局联手打造的3集纪录片《南海Ⅰ号》于2011年12月播出，这是第一部介绍我国古沉船的纪录片，集中展示了“南海Ⅰ号”自1987年中英联合考古队发现到保护发掘直至整体打捞的20多年的历史，揭开了这艘南宋古船的神秘面纱。如今，这艘于海底沉寂了800多年的古船已被视为我国两宋时期精湛造船工艺的一个缩影。

海底沉船

1987年夏天，中英两国联合组成的水下考古队在广东省川山群岛的上川岛和下川岛之间海域寻找“莱茵堡”号沉船。遗憾的是，考古队伍并没有找到这艘东印度轮船的身影，但却在水下23米的海底意外地发现了另一艘木制沉船。正是这惊鸿一瞥，开始了这艘神秘古船日后的传奇故事。

根据考古工作者带上岸的珍贵文物，专家推断出这是一艘宋元时期的沉船，而它出现的位置又处于古籍记载中的“海上丝绸之路”上，使得它的历史价值更是不可估量。人们遂将这艘船命名为“川山群岛海域宋元沉船”。

1989年，中日两国科学家联合对这艘宋元沉船进行了第一次探测。这次考古行动正式开启了我国对自己水下疆域的探索，被誉为中国水下考古的起点。此后，历经多次水下探摸，考古工作者惊奇地发现这艘沉船形制十分完整。根据沉船地点和打捞上岸的铜钱、瓷器、铁器和金器等文物，专家学者作出了确切的判断——这是一艘我国南宋时期的远洋贸易船，它在海底已沉睡了800多年。

古船船体的完整、体型的庞大，以及其中所发现文物的丰富、精美震惊了考古界。

中国水下考古的创始人俞伟超先生将这艘古船命名为——“南海Ⅰ号”。由于技术条件和资金的限制，对“南海Ⅰ号”的考古发掘工作停滞了近10年。直至1999年，香港商人陈来发先生发起募捐，为“南海Ⅰ号”

水下考古工作筹得港币120万元，沉船考古工作才得以重新启动。两年后，中国历史博物馆联合广东省文物考古研究所等单位组织了12位水下考古专业队员，对“南海Ⅰ号”重新搜索。历经千辛万苦之后，水下考古队最终找到了沉船，并拍摄了清晰的影像资料。

在此后的几年间，水下考古队多次下水，对古沉船进行细打捞、细发掘，光是带上岸的文物就多达4000余件，这艘古船的价值可想而知。经过长时间的研讨，2004年，对“南海Ⅰ号”进行整体打捞的方案最终确定，这艘沉睡几个世纪的巨舟即将重见天日。

浮出水面

2007年12月22日，在鞭炮声和众人的欢呼声中，“南海Ⅰ号”由4000吨级的起重船“华天龙”号吊出水面，并将它落位到半潜驳船上。6天后，它被运到设在广东省阳江市的广东“海上丝绸之路”博物馆的“水晶宫”里。

至此，人们终于可以目睹这艘沉船的整体面貌了。这是一艘长30.4米，宽9.8米，不算桅杆高约4米的大型

广东“海上丝绸之路”博物馆“南海Ⅰ号”复原模型

商船，其排水量估计可达600吨，载重量近800吨。令人惊奇的是，虽然历经数百年的沉埋，其船体木质却并未朽烂。同时，考古工作者发现了“南海Ⅰ号”的12道船体隔舱板，这说明这艘古船已使用了能够有效提高安全性能的水密隔舱技术。

由“南海Ⅰ号”我们也能窥见整个宋代中国造船技术的精湛：船体巍峨高大、结构坚固合理；利用绞关轴控制升降的船尾舵，能够更好地操纵和控制船舶的航向；船头尖小，底部呈V字形，便于乘风破浪；而船身扁宽、体型高大、吃水较深的特点又使得它在遇横向狂风袭击之时也能保持稳定航行；船体中水密隔舱技术的运用除增强其安全性以外，还便于货物的布置。除了以上种种，人们还发现了“南海Ⅰ号”的石质碇杆。此前人们曾发现过元代的木石结合碇，“南海Ⅰ号”将这项技术出现的时间推到了宋代。

浮出水面的“南海Ⅰ号”是迄今为止世界上发现的海上沉船中船体最大、年代最早、保存最完整的远洋贸易商船。船舶学家、考古学家还期待通过它来解答更多的疑问。据文献记载，我国自北宋起海船上已经广泛使用指南浮针，人们期待能在“南海Ⅰ号”上找到指南针的实物。此外，虽然这艘南宋商船的桅杆已不复存在，学者们仍期待着通过对“南海Ⅰ号”桅杆下半部及其桅座的研究和复原，展现中国风帆利用八面来风的风采。

虽然“南海Ⅰ号”已结束了800余年深藏海底的历史，但是它的身上还有很多秘密等待人们去发现。我们期待着对“南海Ⅰ号”进一步的考古发掘与科学研究，相信这艘古船必将极大地丰富中国古代舟船文化。

历史密码

在“南海Ⅰ号”被发现、保护的同时，人们也在其中找到了数以万计的珍贵文物，包括瓷器，金、银、铜器，漆器等。令人欣喜的是，这些文物大都保存完整，堪称国宝。这不禁让人发出更多的疑问：“南海Ⅰ号”是艘怎样的航船？它从哪里来，又要到哪里去？什么使得它停住了航行的脚步，沉没在冰冷的海水中……这些疑问吸引了越来越多的专家学者来破译它的历史密码。

“南海Ⅰ号”沉没的地点位于南

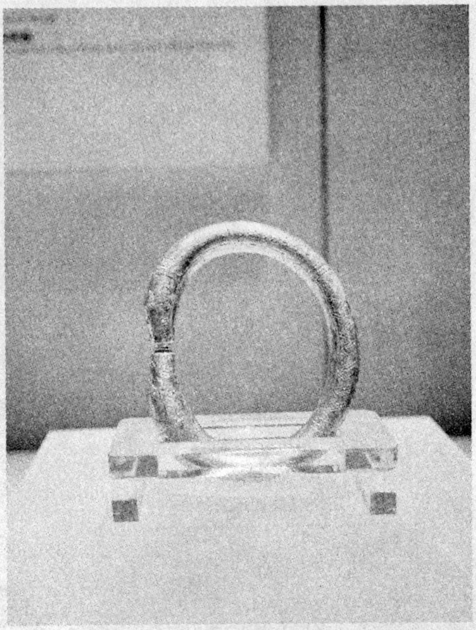

“南海Ⅰ号”出水文物

海海域，正处在“海上丝绸之路”的航线上。从其沉没地点向东北，经过川山群岛可达广州、泉州等古港，向西则可下雷州半岛、琼州海峡以至广西，然后穿过南海到达更远的目的地。“海上丝绸之路”是中国通往外面世界的贸易通道。唐宋以后，随着造船技术的进步和船舶航行能力的发展，“海上丝绸之路”日益繁荣。对于中国瓷器来说，相比于传统的陆上运输，海运更加便捷和安全，因此这条航线又有“陶瓷之路”之称。

“南海Ⅰ号”被发现时，其船头朝向西南，专家由此推测这是一艘从中国港出发驶向外国的货船，船舶中已出水的上千件完整瓷器也证实了这一点。这些瓷器汇集了德化窑、龙泉窑、景德镇窑等宋代著名窑口的陶瓷精品，品种多达30余种。其中有些瓷器充满异域风情，比如有着浓郁的阿拉伯特色的喇叭口的大瓷碗和棱角分明的酒壶，使人联想到这或许是一艘驶向西亚甚至更远地区的远洋贸易船。

虽然航船的失事地点位于广东沿海地区，但是专家判断，这是一艘“福船”的可能性较大。因为船上的瓷器大都来自福建、浙江、江西地区的民窑，并无“广货”，所以专家推测，“南海Ⅰ号”的起航地应为福建或江浙沿海地区。

如今，广东“海上丝绸之路”博物馆吸引着来自全国各地的游客，人们来到这里都想一睹这艘南宋古船的“芳容”。“南海Ⅰ号”不仅是宋代中国杰出造船技术的象征，其背后的历史故事和文化符号也吸引了越来越多的关注。我们期待，这艘堪称“水下兵马俑”的国宝能为人们带来更多的惊喜！

广东“海上丝绸之路”博物馆

浮式指南针

河北省邯郸市有一个名为“磁山”的地方，那里自古盛产含磁性的矿石。战国时期，人们从在磁山采到的矿石当中，发现了磁石指示南北的秘密。成书于公元前4世纪的《鬼谷子》载：“故郑人之取玉也，必载司南之车，为其不惑也。”这是中国古籍中第一次出现对“司南”的记载。所谓“司南”，是我国最早的指向工具。相传鬼谷子生于今河北省邯郸市临漳县的谷子村，而他的活动范围与郑人取玉的故事发生地，同在邯郸文化区里。故现代学者将“磁山”称作“指南针的故乡”。而从指南工具的发明，到“浮式指南针”在航海上的运用，还要走上相当漫长的一段路。

中国指南技术的发展

战国时期发明的司南，是我国历史上第一个指南工具。它的原理是将天然的磁石琢磨成勺匙的形状，以象征北斗七星，并将它放在一个刻有八卦和天干、地支及二十八星宿的表示

司南

方位的盘子上，利用磁石的指南作用来辨别方向，是现在所用指南针的始祖。但是，司南有其不足之处：稍有不平或震动，磁匙就会滑动。也正因为此，司南长期以来一直不能在活动的交通工具上使用。

为了弥补这一缺憾，智慧的中国发明家又创造了一种名叫“指南鱼”的工具。北宋时期，著名的政治家、军火家曾公亮在其《武经总要》中记载了“指南鱼”的制作和使用方法。这是一种人工制造磁铁的方法，制造者用薄铁片剪裁成鱼形，鱼的中部略下凹。然后将烧红的鱼形铁片置于子午线的方向，待温度高于居里点时，铁鱼内部处于活动状态的磁畴便可顺着地球磁场方向排列，以达到磁化的目的。此后，将铁鱼浸入水中，可把磁畴的规则排列迅速固定下来。若此时鱼尾略向下倾斜，则可增加磁性，使指南效果更为显著。相比于司南，指南鱼更为便捷，且使用人工制造磁铁，降低了成本。根据曾公亮的记载，指南鱼可以在车、船上使用。

指南鱼的出现可谓中国科技发展史上的一个大进步，但其制造方法还是比较复杂的。在曾公亮著书的40多年后，中国科技史上一部里程碑式的著作——《梦溪笔谈》诞生了。在此书中，作者沈括提到了另一种人工磁化的方法：“方家以磁石摩针锋，则能指南。”按照沈括的说法，只要用磁石摩擦钢针，就可使钢针带有磁性。现代科学告诉我们、它的原理是利用天然磁石的磁场作用，使钢针内部磁畴排列趋于某一特定方向，从而使得钢针带有磁性。相比于“指南鱼”，这种制造磁针的方法要简单得多，而且磁化效果也比较好。

不仅如此，为更便利地利用磁针指向之效，沈括还提到了几种装置方法：或将磁针上穿几根灯芯草浮于水面，称为“水浮法”；或把磁针搁在手指甲之上，称为“指爪法”；或将磁针搁在碗口边缘，称为“碗唇法”；

“水浮法”指南针

或在磁针中部涂一些蜡，粘一根蚕丝，挂在没有风的地方，称为“缕悬法”。无论哪种方法，都是希望磁针能够旋转自由，以达到更好的指向效果。在沈括提到的四种装置方法中，后世应用最广的是“水浮法”。也正是浮式指南针的出现，才为指南针在海船上的应用奠定了基础。

指南浮针与航海

宋代以前，指南针技术还没有应用于航海，人们要想进行远洋航行，一般只能通过观测天文或是地理坐标进行导航。东晋高僧法显就曾留下“大海弥漫无边，不识东西，唯望日月星宿而进”的话语。而北宋地理学家朱彧的《萍洲可谈》中则记载“舟师识地理，夜则观星，昼则观日，阴晦观指南针”。由此可见，最迟在12世纪初的北宋，中国人就已开始使用指南针进行辅助导航了，这在世界范围内是最早的。指南针应用于航海，成为全天候的导航工具，弥补了天文导航、地理导航之不足，开创了航海史的新纪元。

自北宋起，应用指南浮针进行导航开始普及。这客观上也对指南浮针技术提出了更高的要求。为了更方便地使用和读数，借助于磁偏角的发现，人们开始将磁针与分度盘相结合，制造出指南水浮针盘，也就是后人熟悉的“罗盘”。其由位于盘中央的水浮针和外圆的方位盘构成。而方位盘以24个字标示，分别是“十二地支”的子、丑、寅、卯、辰、巳、午、未、申、酉、戌、亥，“天干”中的甲、乙、丙、丁、庚、辛、壬、癸，和“八卦”中的乾、艮、巽、坤。

用24个字进行方位的划分，每两个字之间相隔只有15°，使得航向角的精确度得到了提高，船舶在漫无天际的海面航行时也可准确地辨别方向了。中国的远洋航海技术由此得到进一步发展。

中国自战国时期发现磁石指南的秘密后，即将这项技术广泛应用于祭祀、礼仪、军事、占卜以及风水等方面，而直到12世纪初，才与航海造船术碰撞出绚烂的火花。如今人们皆知指南针是中国古代的四大发明之一，但若不是其运用于航海，恐怕指南针有负此名。指南针出现以后，成了中国航海者必备的工具。有了它，人们在海上航行时就不易迷失方向，不易偏离航线，避免了大量的海难事故。明代郑和七下西洋，创造了中国航海史上的壮举，一定程度上也是得益于指南针的指航。

中国航海造船术对世界的贡献

宋代在航海造船技术上的这一突破，不仅对中国古代的航海业造成巨大影响，同时也大大推进了世界航海史。正如西方学者李约瑟所说，“指南针在航海上的应用，是航海技艺方面的巨大改革，它把原始的航海时代推到终点，预示了计量航海时代的来临”。

罗盘发明以后，中国的指南技术先后由陆、水两路向西方进行传播。宋代时，阿拉伯、波斯地区与中国交往甚密，很快学会了这种先进的导航技术。人们在阿拉伯语和波斯语的史料中，发现了记载罗经方位的文字——“Khann”，其发音与闽南语中的“针”字十分相似，这或许可以证明西亚地区的指南针技术传自中国。

后来，西欧地区出于在地中海地区及东方进行贸易竞争的需要，也掌握了指南针技术。1195年，英国人亚历山大·尼卡姆（Alexander Neckham）撰写了《论自然界的性质》一书，其中提及浮针导航技术，这在欧洲尚属首次。

此后，指南针在欧洲地区广泛传播，成了航海者的“命根子”。15世纪末，西方人开始了他们的大航海时代，他们的船队开始出现在世界各大洋的海面上。大航海时代打破了各大洲之间的相对孤立的状态，使世界日益成为一个相互影响、联系密切的整体。当我们感叹于欧洲的地理大发现使世界面貌发生巨大变革的同时，不要忘记，正是因为中国人发明了指南针，才使得欧洲船队能航行在茫茫大海中而不迷失方向，从而推动了大航海时代的到来和发展。

在中国造船史上，指南针的使用具有重大的意义。虽然指南针外观细小，与船身结构、推进技术也并没有直接的关系，但正是因为指南针的使用，给海船装上了“眼睛”，从而开启了世界航海史的新纪元。可以说，指南针在中国船舶文化史上写下了不可替代的华丽篇章。

宁波宋代海运码头和沉船

有着1100多年建城史的宁波，地处东海之滨，位于中国沿海南北航路的中段，海运便利，自古以来就是中国对外交往与贸易的重要门户。这里东出大洋，西连江淮，转运南北，港通天下。

宋朝时期的宁波被称为“明州”，是当时中国最大的港区之一。发达的港口贸易和便利的海外交通造就了当地造船业的繁荣发展。北宋后期，两浙路温州及明州地区年造船量均达到600艘，名冠全国，而宁波出海的“神舟”更是令时人惊叹不已。历史文献中，留下了许许多多关于宁波古港与造船技艺的记录。

1979年4月，人们在宁波市东门口交邮工地施工过程中发现了宁波古船与宋代海运码头旧址，这一发现成为宁波古代海洋文化的重要见证。

宁波——
中国舟船文化的重要发祥地

距今7000～8000年前，今宁波地区生活着一群择水而栖、渔猎为生的河姆渡人。考古学家曾在河姆渡人的活动范围内找到了他们所用的独木舟和木桨遗存，这是中国出土最早的舟船用具之一。随着历史的发展，河姆渡人在浙东地区形成了于越族。史书记载，“周成王时，于越献舟”。有学者指出，于越人献舟，必须经过海上航行，绕过山东半岛，顺济水而上才能到达中原。这就从一个侧面证明了越人造船历史的悠久和航海技术的先进。

春秋末年的越王勾践，曾以“以船为车，以楫为马”来形容越人的日常交通方式。1976年，人们从在这里出土的一件战国时代的青铜钺上发现了一幅羽人划桨以及疑似风帆的纹饰，有学者认为这是中国风帆起源的有力证明。

唐代的海上交通有了长足的发展，开辟了一条从明州出发，横渡东海，直达日本五岛列岛的航线，这是当时从中国到日本最近的航线。这条航线的开辟使得宁波港的重要性大大提升，从而促进了当地造船业的发展。

据史书记载，宁波地区最迟到大中元年（847），就已拥有了官办造船场。

宋代是中国造船和航海业取得巨大进步的时期，产生了诸多对世界造船技术具有重大贡献的发明。由宁波制造自宁波港出发的神舟船队令高丽倾国赞叹，由此可见宋代宁波地区造船之盛。

宁波东门口码头遗址

重见天日的宋代古港与古船

1979 年，考古工作者在宁波东门口遗址发掘过程中，发现了大量的瓷器碎片以及大量的钱币。从中我们可以窥见宋代宁波海运码头的繁荣盛景。值得一提的是，在这个遗址中，人们还发现了古代造船场的遗迹，甚至还配有修船场，体现了当时码头的综合设施完善，同时也说明了宋代宁波地区造船技术的发达。

在发掘码头遗址的过程中，人们还发现一艘长 15.5 米、甲板宽 5 米、型深 1.75 米的古海船。研究者分析认为这是一艘北宋时期建造的尖头、尖底、方尾的三桅外海船。遗憾的是，由于当时技术条件的限制，发掘中，古船的尾部自第 8 号肋位起遭到了严重破坏，使得这艘宁波古船在出土之后未能留下完整的形体。

即便如此，船舶学家、考古学家经过细致工作，仍总结出了这艘古船的结构特点：它的龙骨用松木打造，首柱则采用杉木，两者在第 1 号舱壁之下交接，舱壁之前还设有头桅座，造船工匠在这个狭小的空间里填充麻丝与桐油灰以确保水密。人们还在第

5号舱壁的后面发现了一根长达1米的舱壁“扶强材”，它从龙骨下面榫入，穿透龙骨并且紧紧地贴附于第5号舱壁。扶强材的出现，保证了舱壁板的定位，增强了船体的强度与刚度，同时也加强了舱壁列板间的连接，有利于提高船舶行驶过程中的稳定性与安全性。

在这艘宁波古船的身上，有一个最让人惊叹不已的结构，那就是减摇龙骨。通过前文对海鹘船的介绍，我们已经知道了什么是减摇构件及减摇构件的特点。在宁波古船发现之前，人们只能从古籍文献中去了解减摇龙骨的魅力，而这些文献又出现于清朝晚期，因而海鹘船使用了减摇技术这一论点，只是现代船舶学家对搜集到的各种资料进行推论的结果，并无实物佐证。

人们在宁波古船的舷部发现了半圆木状的减摇龙骨，它对于船舶在风浪中遇到的横摇具有极强的减摇与稳定作用，有利于改善船舶航海性能，从而保证航海安全。在国外，减摇龙骨技术差不多在19世纪前25年才开始使用，而宁波古船的出土证明了中国至迟在北宋末年就已经使用了这项技术，比国外要早约700年。这是我

宁波东门口遗址出土的宋船减摇龙骨

们的祖先对世界航海事业作出的独特贡献。

宋代明州造船文化

宋代的明州是当时中国的三大航海贸易中心之一，这里商舶往来、百珍交集、物货丰衍。这一时期，我国东南各省都建立了大批官办与民办造船场，以满足市舶贸易与水上防御的需要。凭借着优越的地理位置，明州地区造船业发展迅速，雄居全国第一。这里既能打造出为江防、海防使用的战船，也能制造用于对外贸易的货船、客船。在 1979 年的宁波东门口码头遗址考古发掘过程中，考古学家找到的造船场遗址有三处之多，可见宋代明州地区造船业规模之庞大。

当然，造船业规模不仅体现在造船基地的大量存在上，与明州造船数量之多、船型之丰也有很大的关系。据史料记载，宋真宗年间（997—1022），官定全国造船场每年额造漕运货船 2916 艘，而明州一带的造船额数达 531 艘，占全国的 1/5 多。从船型上来看，从宋代明州地区出场的船只不仅包括内河船、远洋船，还有后来被蓬莱军港所借鉴的“浙江钓槽船”。此外，从这里制造并出航的“神舟船队”象征着中国古代船舶客、货分运的开始。这是中国古代船舶用途和船体形制的一个重大突破。

宋代明州造船文化发达的另一个重要表征是其高超的造船技术。史书记载，北宋初年，吴越王“献龙舟，长二十余丈，上为宫室层楼，设御榻以备游幸”，反映了当时明州一带制船工艺的精湛。因其造船技术的进步，宋代明州船只的航海性能也有了很大提高。无论是宁波出土的宋代古船中的减摇龙骨，还是北宋徐兢《宣和奉使高丽图经》中记载的船舶安全保障，都能证明当时宁波的造船技术当属世界领先水平。

古代的明州港曾盛极一时，南宋初年却因战乱而被削弱，其地位逐渐退居广州、泉州之后。如今的宁波将自己定位为“‘海上丝绸之路’东方始发港”，昔日的繁华已成为宁波城市发展的名片之一。而宋代宁波造船文化连同宁波对中国古代造船业的贡献一起，也已在中国古代海洋文化史上写下了灿烂的篇章。

神舟船队——中国造船史上的神话

北宋宣和四年（1122）三月，宋徽宗赵佶拟遣给事中路允迪、中书舍人傅墨卿出使高丽，同时让徐兢出任高丽国信所提辖人船礼物官跟随前往。北宋一代，中国与高丽之间往来密切，两国互派使节达 87 次。宣和五年（1123）五月十六日，一支由 2 艘神舟、6 艘客舟组成的大型豪华船队从明州（今宁波）出发，开始了漫长的出使之旅。

神舟明州造

宁波古称“明州”，自古以来就是一个港口城市。从春秋越国时期的句章城堡开始，宁波就与海洋结下了不解之缘。随着江南经济的发展，宁波的港口区位优势越来越突出。到了宋代，朝廷对市舶贸易高度重视，使明州的海外贸易呈现出了前所未有的繁荣。

神舟模型

“以船为车，以楫为马”的文化传统孕育了古代宁波地区的船舶制造业。北宋时期，明州地区已有多处官办造船场。甬江入海口的镇海招宝山船场，临近市舶司，海面广阔，是朝廷打造专供出使的大海舶的定点造船场，代表着当时国内船舶制造的最高水平。明州造船不仅质量高，数量也很庞大。仅北宋天禧末年（1021），该地造船就达177艘。哲宗元祐五年（1090），朝廷诏温州、明州岁造船各以600艘为额。这个数字在同一时期的全国官营造船场中居首位。因此，明州地区获得了“天下船场”的美名。

北宋元丰元年（1078），宋神宗派遣安焘出使高丽，下诏为此建造两艘大型的神舟。这两艘船分别被命名为“凌虚致远安济神舟”和“灵飞顺济神舟”。45年以后，虽然北宋王朝面临着频繁的战争，财政支出极为困难，但是，宋徽宗还是决定向高丽派出一支规模更庞大的船队。在这样的背景下，又有两艘神舟横空出世，它们分别被命名为“鼎新利涉怀远康济神舟”和“循流安逸通济神舟”。

徐兢在《宣和奉使高丽图经》中这样形容神舟:“巍如山岳，浮动波上。锦帆鹢首，屈服蛟螭。所以晖赫皇华，震慑夷狄，超冠古今。”从徐兢的描述中，我们能够感受到神舟的宏伟华美、豪华壮丽。据学者研究，神舟的载重量高达240吨，舟长达到了38米，它的科技含量高、工艺精湛，是当时世界上最先进的船舶之一。

“略如神舟”的客舟

当这两艘神舟自定海绝洋而东的时候，跟随它们的还有6艘客舟。所谓“客舟”，是指使团中随行官员的座船。徐兢笔下记载的客舟“略如神舟”，其长度达到了30米，载重量为“二千斛”，换算成现在的重量单位约为120吨，排水量更是达到了250吨，每艘船上的水手就有60人之多。

这次出访高丽的船队，有客舟相随是一个不小的变化。曾有中国船舶史研究专家指出，后世航行在海上的客船和客船队就是始于北宋明州的客舟。这标志着从宋代开始，我国船舶运输业出现了客、货分运。

据史料记载，无论是神舟还是客舟，其内部都采用了水密舱的构造，这样就将整个舟船分成了前、中、后三个部分。前舱舱底可以用来安放炉灶和水柜；中舱分四室；后舱装饰华美，作为出使官员在船上的起居之所。船舶“上平如衡，下侧如刃”，这种尖底的船舶结构使之善于“破浪而行”，能有效提高船舶行驶的速度。

客船的安全性

北宋神舟船队的出行是“客船”出现的标志。而“客船”的出现，就对船舶的安全性能提出了更高的要求。北宋时期的造船工匠为此日思夜想，找出各种办法以增强船舶的稳定性。首先，他们在船的两舷缚上两捆大竹，以减轻横摇的幅度，增强船舶在风浪中的稳定与安全；其次，他们在船舶上安装“游碇”，当船舶在风涛中摇摆不定的时候，游碇可增加对摇摆的阻尼；与此同时，他们在船舶上装置的硬帆之外，还增设有软帆和各式小帆。这些帆樯的设计和使风技术的改进，使得船舶在行驶过程中能够利用不同方向的来风。

值得一提的是，有宋一代，还出现了类似现代海军的“损害管制措施”。这是一种当船舶进行远洋航行时，一旦发生海损事故则及时予以妥善处理、提高船舶生存能力的应急措施。在朱彧的《萍洲可谈》中就有这样的记载：“船忽发漏，既不可入治。令鬼奴持刀、絮自外补之。鬼奴善游，入水不瞑。”所谓“鬼奴”，就是指潜水员。按照朱彧的记载，当船舶发生险情时，因为船外的水对船壳有很大的压力，如从内部进行补漏，则容易被水冲掉，应让潜水员下水从船体的外部修补，如此，外部水的压力还能使所补之处越来越紧。

“八舟七溺”—— 神舟船队的结局

神舟可谓北宋造船史上的神话，它象征着当时远洋船舶制造的最高水平。宣和五年（1123）五月十六日，神舟船队从明州出发，五月十九日，船队到达定海（今宁波镇海区）。在此之前，朝廷还命令中使武功大夫容彭年在总持院建立一个新道场，为神舟船队连续举行了7天的斋醮，以祈祷航路平安。

五月二十四日，神舟船队从定海出航，开始了它漫长的旅行。六月十二日，船队到达高丽礼成港。当这8艘巍峨壮丽的海船抵达高丽国的时候，引起了强烈的轰动，高丽国人“倾城耸观”，而“欢呼嘉叹”。

使团在高丽国盘桓月余以后，于七月十三日离开高丽顺天馆，于七月十五日登舟，踏上了回国的旅程。船队在途中还曾遭到飓风袭击。徐兢记载：“痴风之作，连日怒号不已，四方莫辨。黑风则飘怒不时，天色晦冥，不分昼夜。海动则彻底沸腾，如烈火煮汤。”

即使神舟船队有着华丽壮美、巍如山岳的形制、外观，即使北宋时期船舶的安全性能已有了很大的提升，人们对航海救难也已有了一定的认识，但在大自然的力量面前，人类还是十分的脆弱。一艘又一艘的神舟、客舟被大洋席卷。同去8舟，7艘葬身大海，只有一艘神舟在海上漂荡了40多天后回到了镇海招宝山。

幸运的是，徐兢就坐在这艘幸存的神舟上，人们才得以读到《宣和奉使高丽图经》，知道这段史话。事后，徐兢将神舟能够成功回国之因归功于海神妈祖的保佑。但是客观来看，途遇如此飓风，仍有一艘神舟能够平安归国，更应归功于北宋造船工匠的高超技艺。

泉州后渚港宋代沉船

1974年的夏天，在福建省泉州湾的后渚港一带，一艘木制的宋代航海货船重见天日。这一重大考古发现，震惊了整个中国乃至世界的考古界。次年，新华社播发了“福建泉州湾发现一艘宋代木造海船”的电讯，更是引起了国内外的广泛关注。1983年6月，泉州宋代海船的复原模型作为一项重要展品，陈列于美国芝加哥科学工业博物馆举办的“中国：七千年的探索”展览会上，当地新闻记者发表文章，称这艘古船代表“中国人对世界发展作出了巨大的贡献”。1984年，世界著名科学史专家、英国人李约瑟博士看到这艘古船后，发出惊叹：“这艘古船是中国自然科学史上最重要的发现之一。”究竟是怎样的一艘古船，能够引发如此强烈的关注，能够获得这么多赞叹？就让我们共同走近这艘古船，一探那来自700多年前的优雅身姿。

从海船船型说起

当泉州湾古船初被发掘出来的时候，整艘船呈水平状。船体的上部结构已经损坏无存，只留下了船底部分。尽管如此，人们还是能清晰地看到舷侧板和水密舱壁，这为我们全面了解其船型提供了基础。

考古工作者对古船的残骸进行了测量，发现它长为24.2米，宽9.15米，深1.98米。船舶学家根据残骸的长度，将首、尾轮廓线及各面的舱壁顺势外延，估算出这艘海船的长度约为30米，宽约10.5米，吃水深度达到3.75米，排水量约为454吨。

从这些数据中，我们能够看到这艘古船的宽度较大而长宽比较小，这样的设计有利于保证船的稳定性。科学家们对古船进行了复原工作。我们从复原的型线图中可以看出古船横剖线呈V字形，说明这是一艘尖底的海船。北宋末年，徐兢在《宣和奉使高

泉州宋代沉船

丽图经》中提到这种尖底船时说："上平如衡，下侧如刃，贵其可以破浪而行也。"意思是，这样形制的船舶有利于快速航行。

这艘宋代木船有着较大的吃水深度。有专家认为，古船的尖底与深吃水相配合，可以获得较好的适航性；如若海船在行驶过程中遇到横向风袭，这样的形制也可以帮助它抗击横漂。

从海船船型我们可以看出，泉州后渚港宋代海船在设计过程中，综合考虑了稳定性、快速性、耐波性等多种要求，即使从现代船舶的制造理念来看，也是值得称道的，难怪它的发现能够在学界引起那么大的反响。

结构选材更显其优

一艘宋代古船沉没数百年后重见天日，依然能够保存下来较完整的船型，这与船舶内部结构及造船选材都有很大的关系。

支撑船体最重要的结构就是位于船底的龙骨。泉州湾宋代古船所用龙骨采用马尾松，这种木材具有纹理直、致密坚硬、耐腐性强的特点。整个龙骨断面宽420毫米，厚270毫米，长度达到12.4米。值得一提的是，龙骨的接头部位采用"直角同口"的榫合之法，这种接头形式能够承受很强的外力冲击。从这个细节中，我们可以看出泉州古船设计者的独具匠心。

古船的舷侧板、船底板及舱壁板等都采用杉木材质。杉木的纹理直、疤节少、材质轻，是造船的良材。整艘船被12道水密舱壁分割成13个独立的空间。根据随古船出土的文物可知，这13个独立空间均是货舱。舱壁板厚度为100～120毫米，边缝榫接，同时填塞舱料。这样做的目的是增加舱壁板之间的黏附性，防止开裂，确保水密，有助于加强船舶的安全性能。

在这艘古船的舱壁板与壳板的交界处，人们还发现了一种用樟木制成的肋骨装置，被称作舱壁周边肋骨或抱梁肋骨。有意思的是，船体中前部的肋骨都装在了舱壁板之后，而中后部的肋骨都装在了舱壁板之前。因为船的首、尾比船中尖窄，此肋骨有助于阻止舱壁向船中位移，这对于整个舱壁板的固定和全船的刚性的增强都有极大的好处。近代铆接钢船上的水密舱壁周边所设的角钢，无论从出现的位置还是从功能上看，都与宋船上的肋骨极其相似。这一发现让今天的造船工程师惊叹不已。

首现船壳的多重板鱼鳞式搭接结构

在中国古代造船工艺发展过程中，船壳的搭接结构出现了不同类型，主要包括单层板顺板式、单层板鱼鳞式、多重板顺板式和多重板鱼鳞式四种模式。可以想象，船壳板的层数越多、搭接结构越复杂，船舶的稳固性和刚性就会越强。而人们在泉州后渚港宋代沉船上发现的船壳搭接结构，就是稳固性最强的多重板鱼鳞式。值得一提的是，这也是目前中国沉船考古中发现的唯一一例多重板鱼鳞式搭接结构。

泉州宋船的船板或为二层板，或为三层板。人们在搭接船壳时，注意使上、下板列断面间形成锯齿形的台阶。这种台阶形同鱼鳞，故称“鱼鳞式搭接”。两宋时期，中国对外贸易发达，大量的大型船舶在这一时期出场。而多重板船壳恰好适应了船只大型化的要求。此外，鱼鳞式搭接结构使船壳表面形成纵向的锯齿形面，增大了船舶横摇阻尼，从而减小了船舶的摇摆幅度，客观上对促成宋代以后中国大量船舶进行远洋航行作出了贡献。这项技术的出现和发展，不仅是中国造船史上的一个突破，也对中国的海外交流产生了深远影响。

泉州宋船横剖面结构的鱼鳞式搭接

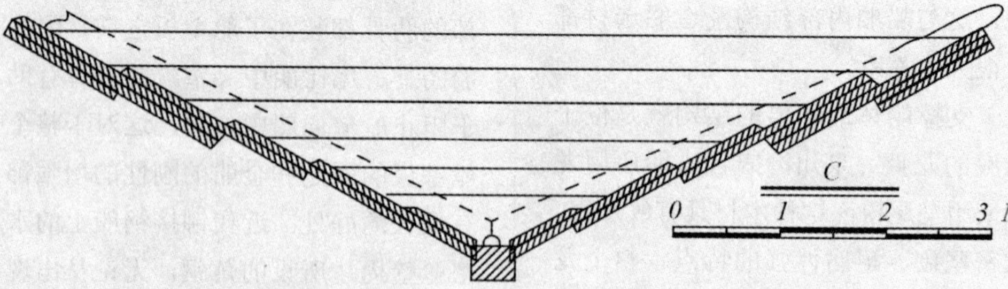

造船工艺成熟

人们在对这艘宋代沉船研究的过程中发现，船舶主桅前的第 5 号舱壁上留下了一个宽约 300 毫米、残高约 340 毫米的方形孔。同时，人们还找到了两个固定船舶桅杆并与舱壁相连接的桅夹柱，这就意味着这艘船已经采用了“可眠桅技术”。这项技术的使用，使得大桅起、倒自如。宋人沈括的《梦溪笔谈》中记载了这样一则故事：北宋嘉祐年间（1056—1063），有一艘外国船因为桅杆被风折断，漂至苏州昆山县，知县韩正彦问询后，让昆山地区的造船工人帮他们修船，“教其起倒之法”。这段文字记载说明了中国在北宋时期已经掌握了“可眠桅技术”，而泉州宋代沉船的出土更是为这项造船技术的创新提供了实证。这项技术是北宋时期造船业发展成熟的标志，其应用为船舶安全行驶提供了重要保障。

泉州后渚港宋代沉船另一个工艺成熟的特点是“可升降舵”的使用。人们在古船残骸中发现了由 3 块大樟木构成的舵承座，还有两重樟木加固于承座的背后。同时，在船舶第 11 舱还发现了一个樟木的绞车轴残段，轴身之上凿有两个直径约为 130 毫米的圆通孔，这应该是绞棒孔。绞车轴的功能在于升降舵。降下去的舵有利于提高舵效、抵抗横漂，升起来则可对舵起到保护作用。中国人很早就掌握了这项技术，到了宋代这项技术已发展成熟。

沉船背后

在我们了解到这艘宋代古船的船体形制、船身结构、制造工艺、用料选材之后，恐怕还有一些问题会使大家感到好奇：这艘古船究竟沉没了多久？古船沉没前行驶路线如何？古船的建造地点又在哪里？为什么古船会沉没于此？这里让我们逐一揭开谜底，了解沉船背后的传奇故事。

考古学家、文物学家从船舱中发现的大量陶瓷碎片中整理复原了 58 件器具。人们发现，无论是器型、釉色还是纹理，这些瓷器都拥有明显的宋代特征；船舱里发现的 504 枚古钱中，除 33 枚为唐钱外，其余全是宋钱，其中最晚的一枚是铸于南宋咸淳七年（1271）的咸淳通宝，这个时间也被认为是古船沉没年代的绝对上限。此外，还有一些专家对沉船地点的淤泥样本进行了研究。种种证据表明，这艘古船沉没时间超过700年。

在沉船的船舱中，人们还找到了大量的香料以及药物，包括沉香、檀香、胡椒、乳香、玳瑁等。这些货物俗称“南路货”，其产地是南洋诸国及阿拉伯地区。古船沉没地点附近的泉州港在南宋时期是通向南洋的重要港口。看来，这应该是一艘由南洋返航的远洋船。

人们还从船体形制及结构上作出推断。在注意到海船龙骨接头处凿有放置铜镜、铜铁钱的“保寿孔”后，专家们认为这一现象与福建船民习俗相符，从而判定这艘古船是造于本地的“福船”。奇怪的是，这艘古船船底无损，应该没有触礁；同时，港道水深，也不会搁浅；如遇台风，船舶也能迅速驶入附近的洛阳江进行躲避。那么，为何船舶会沉没呢？

从船舱内大量陶瓷的破损情况看，不像是自然侵蚀的破坏。一些历史学家据此推断，南宋末年，泉州地区风云巨变，战火纷飞。这艘海船有可能是在南宋景炎二年（1277）于战火中沉没。

“州南有海浩无穷，每岁造舟通异域。”南宋诗人谢履用这样的诗句描绘当年泉州地区造船业的繁盛之景。如今，泉州后渚港宋代沉船被陈列在泉州海外交通史博物馆的古船馆当中。这艘沉没700余年后才得以重见天日的古船，已成为南宋时期泉州造船与航海业发展的一个缩影。

《清明上河图》
所绘船舶使用的便是可升降平衡舵

元军征日及海底船物遗存

元代的中国幅员辽阔，有着一支能征善战的威武之师。但是，其两次征日却均遭受了折戟沉沙的命运。元世祖忽必烈为征日本，先后派出6300多艘战船。当元军水师起锚赴日时，谁也没想到等待他们的会是惨败的结局。在这数千艘元军战船中，究竟有多少沉没于日本海域人们已不得而知。数百年后，日本沿海地区元代船碇的出水，为世人揭开了那场血雨腥风的海战之谜。

从蒙古水师建立说起

蒙古经过40多年的征战，最终于至元十六年（1279）灭亡南宋，取得全中国的统治权。蒙古族这个马背上的民族英勇好武、战斗力强，可是，

日本描述元军征日场景的《蒙古袭来绘词》

当他们遇到南宋水师的江淮、江汉防线时，却束手无策。

面对如此尴尬的局面，为克服南宋的江河屏障，蒙古军不得不建立自己的水师。正是在与南宋的一次次交锋中，元朝的水师从无走向有，从弱走向强。有人统计，元朝水师短短3年间就造出战船7000艘。由此可见战争背景下的元朝水师造船能力发展之迅速。以忽必烈为代表的蒙古贵族统治者们的野心不止于此，在中国范围内的战争还没有结束的时候，他们就将目光投向了遥远的海洋。

忽必烈远征日本与建造战船

南宋残余政权还没有完全覆灭之时，忽必烈就已经着手准备对外征战了。他在福建地区建立了沿海水师万户府，招募水兵，练习海战，以适应海外扩张的需要。

他的第一个目标是与中国有着密切交流的日本。至元五年（1268），忽必烈下令此前已收为藩属的高丽"造舟一千艘，能涉大海可载四千石者"；两年之后，再次让高丽准备兵马、资粮等，以备战时之需。

至元十一年（1274）三月，忽必烈又一次命令高丽王制造军舰。这次的数量为900艘，其中包括载重量超过1000石的“千料舟”300艘，轻疾舟300艘及汲水小舟300艘。六月，所有的舰船全部打造完成。也就是在这一年的夏天，忽必烈派出将领带着高丽前后6年所造的1900艘战舰踏上了东征日本的征途。结果元军途遇台风，无功而还。

元军第一次东征日本，因为遇到恶劣天气主动收兵。7年之后，忽必烈的军队再次踏上了远征日本的征途。这次水师兵分两路，一路由范文虎率领江南收拢的张世杰旧部及其他军队，共计3500艘战船、10万名水兵，从庆元（今宁波）出发，东渡日本；一路由高丽主帅洪茶丘率战船900艘由高丽出发进攻日本。

第二次东征日本的水师规模更为强大，战舰数量是第一次的两倍。但是，日本方面吸取了第一次“蒙古来袭”的经验，水师力量也有所增强，加之元军主观上的失误，使得元军第二次征日之战最后仍以失败而告终。

鹰岛：蒙古袭来之岛

位于日本西南九州岛北部长崎县北松浦郡的鹰岛，是元代水师攻打日本时重要的泊船屯兵之所。整个岛屿南北长13千米，东西宽5千米，总面积为16.23平方千米。就在这个面积如此之小的岛屿范围内，元、日水师曾展开过两次正面交锋，因此这个岛屿又有“蒙古袭来之岛”之称。

至元十八年（1281），忽必烈的水师第二次踏上了东征日本的征程。高丽兵组成的东路军五月于朝鲜半岛南部海岸出发，当他们到达预定登陆地点博多的时候，却发现日军早已筑好坚固的岸防工事，只好改由南部的鹰岛登陆。一个多月后，另一路江南军经过长时间的海上奔波，携3500艘战船也赶到了鹰岛，准备与东路军会合。

此时，不习水性的元军早已筋疲力尽。当他们正在制订登陆方案时，一阵突如其来的飓风使大部分的战船颠覆沉没。消息传到了北方博多的日军阵营，日军将领竹崎季长令军队立即从陆路攻向鹰岛，抢占元船，扫讨残敌。鹰岛一役，元军、日军及当地

鹰岛海域发现的元军装备

百姓死伤无数。

正是因为这场战争，鹰岛上出现了诸如“血崎”“地狱谷”“鬼冢”之类的地名。在鹰岛周围海底堆积着大量元军战船的残骸和各类遗留物，长期以来无人问津。

大量元军战船碇的发现

1980 年，日本文部省组成调查队对鹰岛海域的元军战舰遗物展开全面的调查、研究，大量的元军回回炮石弹、元军战甲、元军战盔被发现。有一枚 6.5 厘米见方、总高 5.9 厘米的青铜军官印，是 1974 年当地渔民在作业过程中无意间发现的。专家们对这枚印章进行了研究，发现印章上的文字为八思巴文，内容是“管军总把印”，它的主人应当是元代水师的一名下级武官。

20 世纪八九十年代，在鹰岛町教育委员会的组织下，日本学者先后 3 次对鹰岛海域进行水下考古，期盼着能发现一艘元代战船。由于当时技术条件的限制，并没有发现元军战舰遗骸，只发现了 20 件元军战船碇，其中大多为木石结合碇。碇是停船时沉入水底用以稳定船身的器具，是船舶的基本构件之一。

如此多船碇的发现，是东方水下考古史上成批出水同类构件数量最多的个案，这从一个侧面再现了鹰岛大量元军战舰的沉没的历史事实。

专家们还对 1995 年出水的 3 号船碇做了复原工作。该碇的碇爪长约 3.1 米，左、右的碇石各长 1.2 米，碇杆长度约为 6.5 米，有两只木爪；在碇杆中间部位有两个透孔，这两个透孔是用来穿透两只横木杆，以在碇杆左右绑扎两块石头。如此设计具有一定的科学道理。当船员抛下碇到海中时，带有横碇石的横杆必然会向某一方向偏倒，当一侧的横碇石倒下时，必呈不稳定态势，此时的碇稍一旋转，必有一只碇爪会去抓海底的泥土，使得碇的抓力大增，可以较好地系泊船只。

从一只木石结合碇中，我们就能看到元军战船的先进性，感受到当时船舶制造技术的精良。鹰岛海域出水大量的船碇器件令人震惊，但这在历史上并非首次。20 世纪 30 年代，人们就在福冈博多地区发现了 9 件“蒙古军船碇石”，此后，研究者还陆续在博多一带找到不下 30 个碇石。与鹰岛地区的碇石不同的是，这里发现的碇石两端稍细，中段凿出长方形凹槽，而且凹槽直接夹在木质锭杆上，起到锚担和重物的双重作用。

2010 年后的新发现：两艘元代战船

20 世纪八九十年代，由于技术条件的限制，虽然陆续发现了数十个碇石，但很长时间内人们都没有发现完整的元代沉船。不过，考古工作者们并没有放弃这方面的努力。日本琉球大学和松浦市的研究团队从 2005 年开始，利用水中声波探索装置对可能发现元代沉船的水域进行了调查。

通过长期的努力，2011 年，研究者在长崎县附近的海床下发现了一艘相对较为完整的船只残骸。残骸大部分船体仍完好无损，包括长达 12 米的部分龙骨以及与龙骨相连的 10 厘米厚、15~25 厘米宽的一排排厚木板。研究者认为，这艘船的长度可能超过了 20 米。据称，船体上散见有各种陶片、砖瓦，以及元军炮弹残片等。据研究者判断，这艘沉船就是忽必烈征日时的元代战船之一。

2014 年秋，在鹰岛南岸约 200 米、水深 15 米、距离 2011 年发现的第一艘元军沉船约 1.5 千米处，又一艘古代沉船出现在考古工作者的视线中。人们在船体内部及周边地区还发现了约 20 件疑似 12 ~ 13 世纪中国制造的白瓷器皿等文物，它们被认为是 13 世纪晚期元代战船的夹带物。由于一部分船体被埋，这次能确认的船体部分长约 12 米、最宽处约 3 米，从龙骨等推断全长约 20 米，宽 6~7 米，船内由 9 块隔板隔开形成分隔舱，船首附近还装有压舱用的石块。

两艘船形态保持得都比较完整，这对于人们全面了解元代征日战船意义匪浅。研究者们透露，他们下一步将打捞这两艘沉船并进行详细分析。随着科学技术的发展和水下考古工作的深入，我们相信，在鹰岛附近还会发现更多的元代战船。

700 多年来，人们一直有一个疑问：为何不可一世的蒙古雄师遇到日本舰队就不攻自破了，为何在日本海域屡遭败绩？除了将失败的原因归咎于战略战术、天气不测等因素以外，人们还想从元代战船的形制上寻找答案。可惜，数百年来人们都没有这样的条件，直到日本沿海元军船碇的出水和日本海域元代沉船的发现，才给人们提供了良机。我们期待着日本考古学界对于元军船碇和元代沉船研究的新成果，期待着学界早日解答这个困扰人们已久的问题。

伟大的旅行家马可·波罗与元代海船

1271 年，一位 17 岁的意大利青年跟随他的父亲、叔叔离开故乡威尼斯，踏上了东行的旅程。当他沿着漫漫的丝绸之路来到中国，见到元朝皇帝忽必烈时，已经过去了 4 年之久。中国庞大的国土、繁华的城市、先进的技术、华丽的服饰、精美的珠宝等，都深深吸引了这位年轻人。他在中国一住就是 17 年，期间访问过中国的多座城市，甚至还进入仕途，任职扬州总管。1295 年，他回到了自己的祖国，并口述了他的旅途见闻，结集为《马可·波罗行纪》。他就是世界著名的旅行家、商人马可·波罗。他的书除了向欧洲人介绍东方的富有之外，也将中国先进的船舶制造技术带到了西方，让元代海船的声名远播海外。

马可·波罗的足迹与中国的船

在 17 年的中国游历生涯里，马可·波罗先后踏遍了中国的西北、大都（今北京）、中原、西南，最后来到了中国的东南沿海一带。在这里，他看到过境的船舶舟楫穿梭般地川流不息。在临近长江的一座城市中，马可·波罗目睹了 15000 多艘舟船，船舶可观的载重量、船舶的桅帆甚至用竹篾绞在一起编成的缆绳，都让这位意大利游客惊奇不已。

在杭州西湖，他看到了许多的游艇与画舫，那些爱好泛舟游览的人，携带家眷，雇上一艘画舫，邀请一些朋友，荡漾在平静如镜的湖面上，饱览绮丽的湖光山色。在马可·波罗看来，“确实胜过陆上的任何行乐”。这位伟大的旅行家还注意到，画舫油彩斑斓、五光十色，船身绘有各种装饰，甚至还有绸缎覆盖，显得更加精美。船身的两侧都设有窗户，人们就是通过这些窗户来欣赏窗外美景的。从马可·波罗的描述中，我们知道元代不仅造船技术高超，同时设计精美，船也是当时人们的娱乐工具。

元代将政治中心移到今北京一带以后，为了缩短运河航线，至元二十年（1283）后的10年间，先后开通通惠河、会通河及济州河，将以前的隋唐大运河改为直线，缩短路线长达900多千米，进一步促进了运河贸易的发展。马可·波罗亲眼见证了这一变化。在运河边，他看到每天有无数的船只穿梭忙碌，大河上千帆相竞、舟楫如织。在他看来，这些船只的数量和吨位，简直让人难以置信。

如今的西湖画舫更加富丽堂皇

马可·波罗笔下的中国远洋船

马可·波罗在中国的最后一站是位于中国东南沿海的刺桐港，也就是今天的福建泉州港。元代的刺桐港是中国最大的对外贸易港口之一。马可·波罗在他的游记中说过这样一段话："我郑重地告诉你们罢，假如有一只载满胡椒的船去亚历山大港或奉基督教国之别地者，比例起来，必有一百只船来这刺桐港。因为你们要晓得，据商业量额来说，这是世界上两大港之一。"马可·波罗毫不吝惜自己的赞美之词，为我们展现了一幅元代刺桐港商业贸易繁荣的画面。

泉州地区商业贸易的发展，离不开远洋船舶制造业的兴盛。马可·波罗在书中还对泉州所造的大型远洋船进行了描述：船身由松木或是枞木制造而成，甲板上的舱房有60间左右，船的尾部设有舵，以控制船舶运行的方向；船上共有4根桅杆，其中2根可以随意竖起或倒下；此外，船板下的货舱分为13个，用12块厚隔板隔开，隔板与船壳被牢固地钉在一起，以增加船体的刚性。

《马可·波罗行纪》中的元代刺桐港

通过马可·波罗的叙述，我们可以了解"可眠桅技术"在泉州远洋船上的使用情况。马可·波罗还惊异于中国船舶的水密舱壁技术，他说："其用在防海险，如船身触礁或触饿鲸而海水透入之事，其事常见……至是水由破处浸入，流入船舶。水手发现船身破处，立将浸水舱中之货物徙于邻舱，盖诸舱之壁嵌甚坚，水不能透。然后修理破处，复将徙出货物运回舱中。"从马可·波罗细致的描述中，我们可以感觉到他对这种水密舱壁技术优越性的赞叹。这项始于5世纪的中国发明就这样被马可·波罗带到了西方。

至元二十九年（1292）初，为护送阔阔真公主，马可·波罗等人乘着14艘4桅12帆、配备有可供全船人吃两年的食物的大船，从刺桐港起锚出发，奔赴伊利汗国（今中亚南部至西亚一带）的都城。至此，马可·波罗结束了他漫长的中国之旅，但对中国远洋船舶的认识还没有结束。从刺桐港出发，到回到故乡威尼斯，马可·波罗用了3年多的时间，日夜陪伴他的就是这14艘中国的远洋航船。这些船为平底的沙船形制，船底平整，不怕搁浅；船身较宽，有利于航行时的稳定；桅大多帆，使其能够充分的利用八面来风，提高航速。此外，这些船也采用了令马可·波罗赞叹的水密舱壁技术，提升了安全性。

虽然历史文献中对马可·波罗回国时所用船舶的记载寥寥无几，但是，3年多的航程，定然会让马可·波罗充分感受到元代远洋船舶的先进性。

远洋船的声名远播海外

由于古代中外交通往来频繁，中国的罗盘、火药、印刷术等都经过阿拉伯传入欧洲，唯有中国的巨型海船是因马可·波罗的传播而闻名于世。1295年末，马可·波罗和他的父亲、叔叔终于回到了阔别24年的故乡。他们从中国回来的消息迅速传遍了整个威尼斯城，他们在东方的见闻引起了当地人的极大兴趣。同时，那些从东方带回的无数奇珍异宝也使他们一夜之间变成了威尼斯的巨富。

1298年，马可·波罗参加了威尼斯与热那亚的战争，在一次战斗中被俘。幸运的是，他在狱中遇到了作家鲁思梯谦，两人聊得非常投机，于是产生了一个想法——两人决定由马可·波罗口述，鲁思梯谦笔录，写出一部马可·波罗在东方的见闻录，这就是闻名后世的《马可·波罗行纪》。

《马可·波罗行纪》中以大量的篇章、洋溢的赞美，记述了中国无穷无尽的财富。书中所说的巨大的商业城市、极好的交通设施、华丽的宫殿建筑让读者心向往之。同时，书中也对中国东南城市的远洋船舶作了大量记载，当时一些先进的船舶技术就是通过这本书传播到了欧洲。

元代时，大运河的疏通、海上漕运的出现、海上远征的频繁、海外贸易的兴盛等共同促进了当时造船技术的发展。马可·波罗恰逢其时地来到了中国，目睹了当时中国的远洋船舶，并在它们的陪伴下回到故乡。如若不是马可·波罗，恐怕中国古代的可眠桅技术、水密舱壁技术、巨型船舶制造技术被世界知晓的时间将大大推迟。

马可·波罗出生的威尼斯是世界著名的水城，那里的人们也是以船为车、以舟为马。如果元代的造船技术没有达到一定水平，船舶数量没有丰富到一定程度，恐怕也很难让这个熟悉舟船的异国青年惊叹不已，更遑论让他发出“难以置信”的感慨。

马可·波罗是世界历史上最伟大的旅行家之一。他的所作所为，为东西方文化交流架起了一座壮丽的桥梁，而在这座桥上也必然留存着古船文化的身影……

元代海运漕船

漕运，是中国历史上一种特殊的经济制度，是指通过水道进行粮食、物资的调运。古代中国自安史之乱以后，经济重心移至东南，长江三角洲一带产出的粮食，成为国家粮食储备的重要来源。《大元海运志》里说：“百司庶府之繁，卫士编民之众，无不仰给于江南。”由于地形的原因，中国的河流大多呈自西向东状分布，少见南北方向的水道。为此，隋唐时期的统治者们组织开挖了人工大运河，用以河漕运输。到了元代，由于政治中心移居大都（今北京），人们将原有的河漕运输通道进行修整，一改前朝漕运须经洛阳的烦琐，开通由大都地区直通江南一带的运河通道。尽管统治者们在河漕交通上做出了诸多努力，内河的航运量还是十分有限的。为满足漕运货量愈加庞大的需求，人们放眼海上，开始发展海洋漕运。

国初海运自朱张

元代的漕粮海运名盛一时，但是最早创行海运漕粮和成功探索海运道路的人却鲜为人知。他们就是海盗出身的朱清、张瑄。朱清，崇明姚沙人，原为人家奴，后因不堪虐待，杀主而逃，遂与嘉兴人张瑄聚海为盗。也就是在一时期，他们熟悉了南北海道交通，并习得了一身造船技术。

朱、张二人所处的年代恰逢宋元动乱之际。起初，他们曾接受南宋朝廷的招安，可没过多久蒙古人的水师便攻进了长江口。朱清、张瑄率舰投降，加入了蒙古水师。至元十三年（1276），朱清、张瑄受丞相伯颜之命，将南宋库藏图籍由崇明州自海上运至大都。这件事深深触动了元世祖忽必烈，他想到既然图籍能够从海上进行运输，就意味着大量的粮食、物资也能从海上运至京城。6年之后，当朝廷寻求南粮北调的运输路线时，朱清、张瑄建议实行海运，这个提议与元世祖的想法不谋而合，很快就被采纳。

至元十九年（1282），有着丰富海上航运和造船经验的朱清、张瑄被安排到太仓地区，与当时的上海总管罗壁共同打造平底海船60艘，同时自刘家港运粮4.6万石至京师。这算是一次试验性的运输。虽然因为风信失时，直到第二年漕船才抵达直沽口岸，运到京师时所剩漕粮约4.2万石，但毕竟是首次出航，能够取得这样的成绩已实属不易。海运由此更加受到重视。元人张昱曾赋诗赞叹过朱、张二人在海运上的贡献，诗云：“国初海运自朱张，百万楼船渡大洋。”

元朝海运蓬勃发展

此后，元朝的海运漕粮政策虽遇到一些小的波折，但总体来说，其发展势头十分迅猛。至元二十四年（1287），专管海运的“行泉府司”设立；一年后，又设立了“都漕运使司”和“京畿都运使司”。这些新增的职位对海上漕运事务起到良好的监管作用，漕运粮食总数也从1282年的4.6万石增加至1286年的57.8万石、1305年的184.3万石，直至1329年的352.2万石——这是整个元朝海运漕粮的最高额。

与此同时，人们还对海运的路线进行探索。1282~1291年，最初的航线是从平江路刘家港出发，经海门附近的黄连码头及北部的万里长滩，一直沿海岸北行，沿山东半岛进入渤海湾西头的界河，沿河到达杨村码头，也就是漕运的终点。这条路线离岸近，浅沙多，航行不便，航线路程长，因而路途需费时间也很长，且多危险。

在这种情况下，人们开始改进海运航路。至元二十九年（1292），海盗出身的朱清大胆设想，别开通路，粮船出长江口以后不再沿岸而行，而是离开海岸，借西南顺风一昼夜行1000多里至清水洋，然后再借东南风4日便可到达山东成山头，转过成山头仍按原来路线行驶。如此一来，避开了近岸的浅滩，利用了西太平洋的黑潮暖流，航行时间得以大大缩短。

一年后，千户殷明略在朱清新航线的基础上再次做出调整，提议漕船从刘家港出发，由长江口出海后直接向东进入黑水洋，再直奔成山头，然后转向西行，由渤海湾南部到达界河口。在等待季风和寻找黑潮暖流的航程中，殷明略成功地把40天的航期压缩到了10天。

这条路线是元代海上漕运的组织者和领导者经年累月，在一次次的尝试和失败后，找到的最佳路线。它的开辟满足了元大都对东南粮食的需求，同时也大大提升了海运的价值。

海运与漕船

实行海上漕运，方便了江南粮食的北运，促进了南北物资的交流。但是，在当时的技术条件下，人们对海

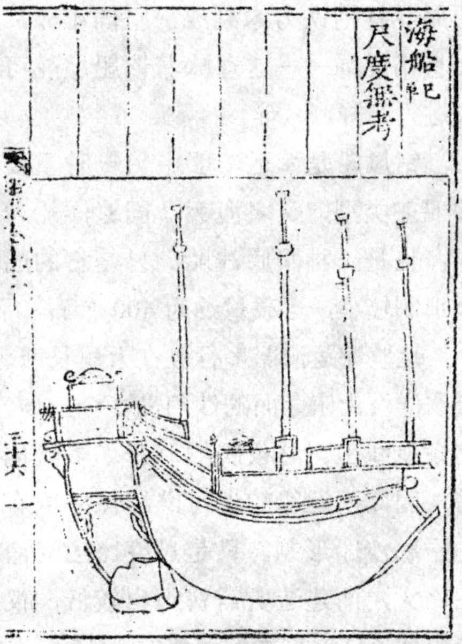

明代《龙江船厂志》中的海船（即遮洋船）

上的气候还不能完全掌握，对海运航线也不熟悉，海道运输十分危险。这就对海运漕船的设计制造提出了更高的要求。

起初，元代海运漕船主要分为两类，分别是遮洋船和钻风船。遮洋船船体扁浅，平头平底，全长8丈2尺，宽1丈5尺，深4尺8寸，共分为16个船舱，载货量高达800~1000石。同时，这种船设有双桅，便于其运用多向风进行航行；橹有四；铁锚有二；

船尾舵杆用铁力木制成，坚固牢靠，又有吊舵绳——这意味着该船尾舵可以进行升降。

钻风船是海运漕船中另一种重要的船舶类型，又名海鳅，同遮洋船一样，也是一种平底浅船。只是它的船体形制较小，运载量约为400余石。

这些海运漕船多行驶在万里长滩、黑水洋及山东北面的沙门岛（今长岛）这条航线上。这条航线避开了多险地带，因此漕运船舶也可继续保持原有的平底沙船形制，只是尺度比运河漕船略大，而建造所需费用也较低，仅及出使琉球、日本的海船的1/10。

延祐元年（1314）以后，海运漕船几乎全都航驶在离岸的深水航道上，这样漕船形制必须做出修改，于是，出现了一种“船幅殆为四角形，下侧渐狭，尖如刀，以便破浪”的尖底大海船。新式海运漕船的运载量大大增加，达到小者2000余石、大者八九千石的水平。如果按照当时的“海关石”进行换算，延祐以后海运漕船的容量可以达到300~1390吨了。

元朝统治者看到了海上运输的便利，也看到了海运漕船技术的提高，开始下令大量建造海运漕船。据史书记载，仅延祐元年（1314），从浙西平江路刘家港开航的漕船就达1653艘；此外，从浙东庆元路烈港开航的漕船数量达到147艘。

元代的海上漕运突破了以往任何一个朝代，选择假道于海进行漕粮运输，体现了以朱清、张瑄为代表的元代官员的杰出智慧。而漕运航道的变迁及漕运航船结构的改进，都是他们经年累月摸索、创新的结果，当中经历了多少次失败、多少次挫折今天我们已不得而知。这种勇敢的探索精神是中华民族海洋精神的重要组成部分，值得我们学习、继承。

韩国新安元代沉船

20世纪70年代，人们从韩国西南部全罗南道的新安郡所属岛屿道德岛海底，打捞出一艘沉船，在船体周围还打捞出众多瓷器、金属器、珍贵木材等，举世为之震惊。经过考古工作者细致的研究，发现这是一艘中国元代末年的商船。这艘商船从哪里出发，要到哪里去？它为何会沉没？沉船遗物究竟有多珍贵？我们从这艘在异国发现的沉船身上又能找到多少中国船舶发展史的秘密？带着这些问题，让我们共同走近韩国新安元代沉船。

揭开新安沉船的神秘面纱

1975年7月的一天，韩国渔民崔享根在全罗南道新安郡道德岛附近捕鱼。当他像平时一样起网，走近渔网去查看自己劳作成果的时候，却发现网中有6件瓷器。他把这些瓷器带回自己家中，自己留下了一件，其余的

韩国新安郡出土的元代沉船

送给了邻居。第二年元旦，崔享根当教师的弟弟来看望他时，见到了这件瓷器。得知了它的由来后，崔的弟弟认为，既然是从海底打捞出来的，很有可能是一件古物，于是便向文化与情报部文物管理局报告了这件事。

韩国文物管理局随即组成了一支调查团，并由海军派潜水员协助，在新安道德岛海底展开水下考古工作。功夫不负有心人，1976年11月的一天，考古工作者查明了水下有一艘木质船体遗存，并确定了它的位置。

在此后的8年间，考古工作者们先后进行了10次沉船打捞工作，并采用方格栅法对沉船进行打捞，出水了大量的珍贵文物及沉船遗骸。此后，专家们对船体遗骸进行了细致的复原工作，于是，一艘沉没海底数百年的古船逐渐恢复了它的真容。

根据复原情况，韩国学者金在瑾教授认为这艘船长度约30米，最大宽度约9.4米，型深约3.7米；船舶呈尖头尖底状；船尾分3层，有如高耸的楼阁，顶部为一宽敞的平台，上面竖一桅杆；船首向上扬起，侧面有一海船龙眼；船头部分还有略向前倾的首桅；船的中央屹立着一根高达17米的主桅。由此看来，整艘船采用了3根桅杆，使商船在行驶过程中能够充分利用各面来风。这艘船的下方有船舵，船头有船碇，船底有曲线形的龙骨。此外，船体还由7个舱壁分成了8个舱。值得一提的是，新安沉船的第4号、第5号舱壁之间的左右两舷，设有5.5立方米的木制液舱。木制液舱又称“水柜”，是船舶存放饮用水的专用舱室。在已发现的中国古船中，新安沉船液舱的发现尚属独一无二。北宋人徐兢的《宣和奉使高丽图经》记载：“海水味剧咸，苦不可口。凡舟船将过洋，必设水柜，广蓄甘泉，以备食饮。盖洋中不甚忧风，而以水之有无为生死耳。”从徐兢的文字中，我们可以看出液舱设置的必要性。这是中国先民在一次次的远洋航行中经验的总结和智慧的结晶，而新安沉船液舱的发现为中国古代海洋文献提供了有力的实物佐证。

走近新安沉船的珍贵遗物

在新安沉船出水的遗物中，有一个刻有“庆元路”铭文的秤砣。庆元路即今宁波，这里地理位置优越，港口贸易发达，历史文化浓厚，唐宋以来就是通向高丽和日本的主要港口。有专家据此认为，庆元港是新安沉船的始发港。

新安沉船中的文物

或许正是因为这个原因，2012 年 12 月 18 日，新安沉船上的文物来到了浙江，在浙江省博物馆武林展区以一场“大元帆影——韩国新安沉船出水文物精华暨康津高丽青瓷特展”向世人展现沉船上的珍贵遗存。

20 世纪七八十年代，在新安沉船的打捞过程中，有 2 万多件产于中国的陶瓷器皿出水，其中青瓷 12377 件、白瓷 5311 件，另有黑褐釉瓷和白地彩绘瓷等，其数量之多、窑系之全、装饰之美无与伦比。例如其中一件龙泉窑青瓷鱼形砚滴，造型十分精美，样式为一条跳跃的鲤鱼，口为滴，背部则有一注水小孔，设计别致，刻画精细，既可做陈设把玩，又可为文房实用。

此外，沉船中还有诸多题材丰富、工艺精湛的金属器物和石制品。同时，沉船中还出水了 40 箱 28 吨 800 多万枚中国铜钱，共有包含“五铢钱”在内的 52 个品种，年代则从新莽时期一直延续到元代，时间跨度长达 1000 多年，其数量之多、种类之丰富、时间跨度之久远，在沉船发现史上都是绝无仅有的。在新安沉船的船底，人们还打捞出了 1017 件紫檀木。这批珍贵的木材产自东南亚，用以制造雕刻品、装饰品和高级家具，具有极高的价值。

新安沉船之所以令世人震惊，一个极其重要的原因在于，出土文物中包含了中国、日本、高丽三国甚至东南亚地区的物品。这些物品缘何聚于一舟？沉船背后有怎样的故事？这就需要我们对沉船的历史及有关背景进行解密。

解密新安沉船的历史世界

自新安沉船发现的那天起，人们就开始研究它的身世。从船体的结构特点、船舶的制造工艺等方面，学者们确定这是一艘产自中国的古船。此外，人们还在沉船中段龙骨的嵌接面上，发现了直径为24毫米的铜钱7枚，而中段龙骨的首垂直端面内还发现了一面直径117毫米、厚2毫米的铜镜。据称，这是所谓“七星伴月”厌胜法，是福建造船业的传统民俗。另外，人们也从船体形制上找到许多“福船”的其他蛛丝马迹，确定了这是一艘福建制造的中国船。

人们在船体文物中发现了两个写着“至治三年”的木签，这个年代是古船上发现的最早时间点，将年代上限限定为1323年，考虑到明朝初年曾实行海禁，学者们推断这应该是一艘元代后期的航船，而航船中大量的瓷器、货物的出水则表明这是一艘商船。

从刻有“庆元路”字样的秤砣中，我们知道这艘船的始发港可能是中国浙江宁波，而船舶沉没的地点在韩国西南部。那么，这艘船的目的港又是何处呢？通过始发港和沉没地判断，这是一艘由中国出发的北行商船。人们从标明货主的木签上，也发现了刻有“东福寺”“钓寂庵”的字样，这些都是日本著名寺院的名字。有韩国专家认为，十三四世纪的高丽是生产青瓷的主要国家之一，没有必要输入中国瓷器，倒是邻国日本有这方面的需要。种种证据表明，这艘沉没在韩国海域的商船是一艘由中国出发，驶向日本的货船。

一艘沉船，牵出了一段东亚三国的密切往来史。在出水的器物中，除了大量的货物之外，人们还发现了一些生活用品。这些用品不仅包括具有明显中国特色的锅、勺等炊具，也有日本风格的绘有花纹的漆盏、漆碗、古濑户瓶等餐具，以及象棋子、木屐等，还有高丽式的铜匙、铜箸等。这些器具为我们勾勒出了600多年前古船上的生活场景，船上的船员可能来自中国、日本、高丽三国，东亚三国之间的友好交往程度由此可想而知。此外，人们从大量出水的热带产品紫檀木这一点判断，当年这艘商船沟通的可能是整个东南亚、东北亚国际贸易圈。

“20世纪最重要的海洋文化遗产发现之一”“环太平洋沿岸发现的最重要的古代海洋沉船”……这艘头顶种种光环的沉船带给世人的是无比的震撼与惊喜，它见证了古代中国对外贸易的繁荣，也见证了东亚三国间友好往来的历史传奇。

蓬莱古船中的元代船

蓬莱，位于山东半岛的最北端。这里三面环山，负山控海，地势险要，素有“东扼岛夷，北控辽东，南通吴会，西翼燕云”的美名。这里航运发达，为海上交通要冲。北宋时期，为防御北方地区的契丹，朝廷下令在蓬莱驻防，使之成为我国最早的海军基地之一。元代，山东半岛常常遭到倭寇的侵犯，因此这里驻扎着大量的水师以防倭。到了明代，蓬莱逐渐成为当时海防体系的中心。既然是军事要塞，自然也是海军舰队的汇集之所。究竟有多少支战舰在蓬莱附近的海面守卫巡逻，人们已不得而知，但1984年蓬莱古船的出土，为那段烽火岁月提供了难得的物证。

蓬莱元代战船的出土

1984年6月，考古学家对古登州港蓬莱水城进行了一次大规模的清淤工作。作业过程中，工程人员在港湾西南隅2.1米深的淤泥中发现了三艘古代沉船。当地文物工作者随即对其中一艘较完整的古船进行了发掘、清理。测量发现，该船残骸长28.6米，宽5.6米，深0.9米，是我国截至当时出土的最长的一艘古船。

这艘古船的长宽比接近5:1，比普通的航海货船大得多，说明它可能并非是一艘用来进行远洋贸易的货船。与此同时，当古船出土之际，人们在船体内外发现了大量的铁炮、石弹及装有石灰的瓷瓶。这些物品都是战时所用的武器，由此可以推断这是一艘战船。

北宋时期，蓬莱就被当作水上防御契丹的碉堡。元承宋制，仍有大量的水师驻扎在此防倭。明洪武九年（1376），明太祖朱元璋下令在登州港蓬莱地区筑城围海，防御倭寇，史称“备倭城”或“蓬莱水城”。历经三代，蓬莱均被当作停泊战舰、驻扎水师、出哨巡洋的军港。那么，这艘古船又是哪个朝代的战船呢？

明初蓬莱水城的修建为古船的断代提供了线索。据史料记载，水门宽为8米，而从水门到港内的平浪台之间也只有44米的距离。这样的长度对于出土的这艘巨大战船来说有诸多不便之处。试想，如果战船连出入水门都相当费力，那又如何保证情况紧急时能不误战机？因此，专家认为这艘古船的最晚使用年限不会超过洪武九年。此外，考古学者还对古船出土之处进行了地质学分析，判定该层文物均是元朝文物。综合各种分析，专家们最终确定了这是一艘元代的大型战船。

如今的蓬莱水城

木战船时代的骄子

到被发现之时，蓬莱元代战船已在水底沉没了近700年。当它重新回到世人眼前之时，它所蕴含的历史价值与科学价值令人震惊，弥补了一项又一项世界造船史上的空白，有人称它为“中国木战船时代的骄子”。

根据古船残骸的大小，专家们推算出这艘古船原长35米，宽7米，深2.5米，排水量189吨。整艘船呈流线型，尖头阔尾，船头首柱高高翘起，而船尾则平阔舒展，远远看去像是一条在海里游动的鱼。

专家们将蓬莱元代战船与此前已出土的其他木船作了对比，发现了它的诸多独到创新之处。

首先，此船采用流线型的造型结构，长宽之比达5:1，光滑的船壳加上修长的船体，保证了船舶的快速性。此外，此船采用一种特殊的弓形龙骨，这与宋代的水平龙骨大有不同。同时，它的厚度达30厘米，约为普通船的4倍，这就使得战船更加坚固，提高了船只的作战性能。

古船被13道舱壁分隔成14个船舱，舱壁板厚16厘米，用锥属木制成。需要特别指出的是，相邻板列间所用的连接技术较宋代有很大的提高。宋代船舶上一般只采用简单的对接，而在蓬莱元代战船上，人们发现相邻板列上凿有错列的相同尺寸的4个榫孔，这就意味着这里采用了一种凹凸凿对接。这种精细的构造不仅有利于舱壁形状的保持，增强船体的刚性，还能保证水密性，提升船舶的安全性能。

更值得一提的是，蓬莱元代战船的两侧各安装了一架口径为10.2厘米的铜炮。这样的设计使得船只在作战过程中可以直接对敌船水平面以下的船体进行攻击，这恐怕是世界上已发现的最早配置火炮的战船了。

从一艘残破的元代古战船身上，我们看到了如此之多具有独创性、开拓性的成就，也难怪英国著名科技史专家李约瑟博士为中国人打抱不平：“中国人一直被认为是非航海民族，这真是太不公平了。他们的独创性表现在航海方面正如其他方面一样……中国的海军在1100～1450年之间，无疑是世界上最强大的。”

李约瑟博士的评价让人们意识到，这艘曾经深埋海底700年的“木战船时代的骄子”不仅是登州港烽火岁月的缩影，更是当时我国海军达到世界海军最高水平的见证。

鼓角争鸣早已远去，烽火岁月已成过往。如今的蓬莱元代战船静卧在博物馆的展台上，成为蓬莱古船与登州古港文化的象征。或许人们已经忘记700年前的峥嵘岁月里，它为保卫国土、守卫家园付出了多少牺牲和努力，但是，岁月的流逝无法抹去它当年的风采，它仍在以自己的雄姿英发向世人展示着中华民族无穷的魅力与卓越的才华。

蓬莱元代战船

9 桅 12 帆宝船模型

巅峰时期的中国造船与航海

明代，我国造船业发展正式进入了巅峰时期。这一时期的中国木帆船不论是在种类上还是在航行能力上，都朝着更为完善、更为专业的方向发展。随郑和七下西洋的宝船及其船队，就是这一时期我国造船业高度发展背景下的代表作。近年来在山东蓬莱等地发现的明代古船，也以实物的形式向我们展示了明代造船业的发展成果。同时，这一时期直接或者间接记载造船业发展的历史文献也十分丰富，《天工开物》《武备志》《使琉球录》等古籍使我们可以对明代造船与航海的发展有更为全面的了解。明朝造船与航海的发展水平当时在全世界都处于领先地位，是我国造船与航海史中最为辉煌的一页。让我们共同重温这一段历史，回味那千帆竞渡的光辉岁月。

郑和船队、宝船和宝船厂

明永乐三年（1405）的一天，三宝太监郑和受明成祖朱棣的派遣，率领着庞大的船队，从太仓的刘家港（今太仓浏河镇）出发，开启了下西洋的航程。在此之后的28年间，郑和又先后6次远洋航行，成为中国历史上最伟大的航海家。

在西太平洋和印度洋的航行中，郑和船队抵达了30多个国家和地区，足迹甚至远达东非、红海。有人说，郑和的航海之举意义远远超过之后的哥伦布、麦哲伦等欧洲航海家，堪称“大航海时代”的前驱。

郑和之所以能够完成这样的壮举，除了他个人的胆识和才华外，还离不开当时造船技术的发达。据记载，郑和下西洋的过程中，船只众多，随行人数更是超过了2.7万人，船队中的宝船“体势巍然，巨无与敌”。接下来，就让我们共同走进郑和船队及宝船的神秘世界，用船文化的视角来审视郑和下西洋的伟大壮举。

郑和船队

《明史·郑和传》记载：“永乐三年六月，命郑和及其侪王景弘等通使西洋。将士卒二万七千八百余人，多赍金币……首达合城，以次遍历诸番国……”这段话简单记述了郑和船队第一次下西洋的经过。虽然从这段记录中，我们无从知晓船队的情况，但通过乘载的“将士卒二万七千八百余人”仍可想见船队的规模之庞大。

历史上，关于郑和下西洋的文献有很多，《国榷》《瀛涯胜览》《星槎胜览》《西洋番国志》《明实录》《嘉靖太仓州志》等书中都记录了这一中国历史上最伟大的航海事件。明宣德六年（1431）春，郑和、王景弘等人在第七次下西洋的前夕，还撰写了《天妃灵应之记》，记录了此前几次下西洋的过程，这篇记文被刻碑立于福建长乐南山宫殿，同样也是郑和下西洋的重要史料。

虽然历史上对郑和下西洋的文字记录不少，但是谈到“郑和船队究竟

郑和下西洋 600 周年（小型张）邮票

有多少艘航船”的问题，这些记载却出现了矛盾，数量从几十艘到 200 多艘不等。出现这些不同的记录，原因可能是郑和七次下西洋船只数量不一。但是，无论是多少艘船，学界对于郑和船队规模庞大、实力雄厚这一点是意见统一的。

有人说，郑和船队完全按照海上航行和军事组织进行编制。船舶可分为宝船、战船、座船、马船及粮船等各类。宝船是船队中形制最大的船舶，是大型舰队中的旗舰；战船是担任护航任务的参战船只；而座船则是战船的指挥船；马船是船队中的大型快速战船兼运输船；粮船主要用于运载船队航行过程中所需的粮食以及后勤供应物品，使船队无补给匮乏之忧。如此设置，显示了郑和船队编制的规模和完整性。

郑和船队中的宝船

在郑和船队的各类船舶中，最令人称道的是其中的宝船。《明史·郑和传》对宝船的尺度有这样的记载：“造大舶，修四十四丈、广十八丈者六十二。”按照明营造尺1尺约合0.317米计算，郑和的宝船长约 140 米、宽约 57 米。由此可见，宝船体式巍然，容载量巨大。

英国著名的科技史专家李约瑟博士曾说过：“每艘宝船上平均规定人数由 1405 年的 450 人增加到 1431 年的 690 人以上，最大的宝船当然超过 1000 人。”这显示了郑和船队中宝船“巨无与敌”的容载量。

长期以来，专家学者们关于宝船究竟属于“福船”还是“沙船”的问题争论不休。虽然郑和船队的始航地是在太仓刘家港一带，但是根据宝船巨大而长宽之比又极小的特点，再考虑到福建、浙江一带自宋元以来造船业十分发达的史实，综合船队行驶路线中驶向南海，经印度洋，去往波斯湾以及东非海岸广深海域的事实，宝船必须选择适于深海航行的尖底、深吃水的船型，而这些恰恰都符合福船的特点。因此，越来越多的学者认为宝船船型应当属于福船。

据史书记载，郑和的宝船设有9根桅杆，共挂帆12面，其“蓬、帆、锚、舵，非二三百人莫能举动”。这些历史记载从另一个方面显示了宝船之巨大。郑和的宝船象征着明初造船技术的最高水平。这是古代造船工匠不断总结和继承秦汉、唐宋以来中国优秀造船技术的结果，是中国造船史上的一座丰碑。

南京宝船厂

明代的南京地区有两个著名的船厂。一个是龙江船厂，该厂位于秦淮河与城壕之间，建于洪武年间（1368—1398）。该厂规模不大，之所以闻名后世，与嘉靖年间（1522—1566）成书的《龙江船厂志》有很大关系。另一个就是宝船厂，它位于长江之滨，建于永乐初年。很多人常常将这两个船厂混为一谈，实际上只有宝船厂才是专门为郑和下西洋而修建的，它规模宏大，船坞众多，造船能力极强。郑和的宝船就是在这里建造并驶向遥远的西洋的。

虽然宝船厂没有留下“厂志”，但在茅元仪的《武备志》中却留下了自宝船厂开船从龙江出水直抵外国诸番的路线图，也就是《郑和航海图》。在这幅图中，人们找到了南京宝船厂的具体位置——位于长江之滨，与江中的太子洲遥遥相对。

500多年后，考古学家寻着《郑和航海图》中绘制的地点，对南京宝船厂遗址做了踏勘和调查，并在20世纪80年代初发现了7个作塘。可惜由于年代久远，这些作塘都积满了水，在当时的技术条件下没有办法进行考古发掘。

2003年7月至2004年8月，为配合纪念郑和下西洋600周年，经国家文物局批准，南京宝船厂考古发掘工作重新启动，考古工作者对现存的第四、第五、第六作塘进行了抢救性发掘，成果颇丰。在出土的众多文物中，有两只大型舵杆引人注目，一只长为10.06米，一只长为10.925米。事实上，早在20世纪50年代，人们就曾在宝船厂遗址发现过一只长达11.07米的大舵杆。从这些舵杆的长度中，我们也能想象出郑和宝船的巨大。

除此之外，在遗址中人们还找到了斧、锯、凿、锉等相当数量的铁制工具，相信这些都是宝船厂中的造船、修船工具。在已被填埋的遗址中，人们还意外发现了一个长 1.5 米的四爪铁锚，其形制与明代以来流行的锚制颇为一致。此外，还有一批木槌、棕绳、长钉、短钉、油泥坨等物出土。

这些珍贵的文物，切实地证明了这就是南京宝船厂的遗址。如今，这里已被建设成为一处融旅游、纪念、展览、休闲为一体的大型遗址性公园。在公园中，人们能见到一艘静静停泊的郑和宝船。它是按照当年郑和船队中号宝船的尺寸和形制仿造而成的。宝船船首高高昂起、气派非凡。虽然

《郑和航海图》(局部)

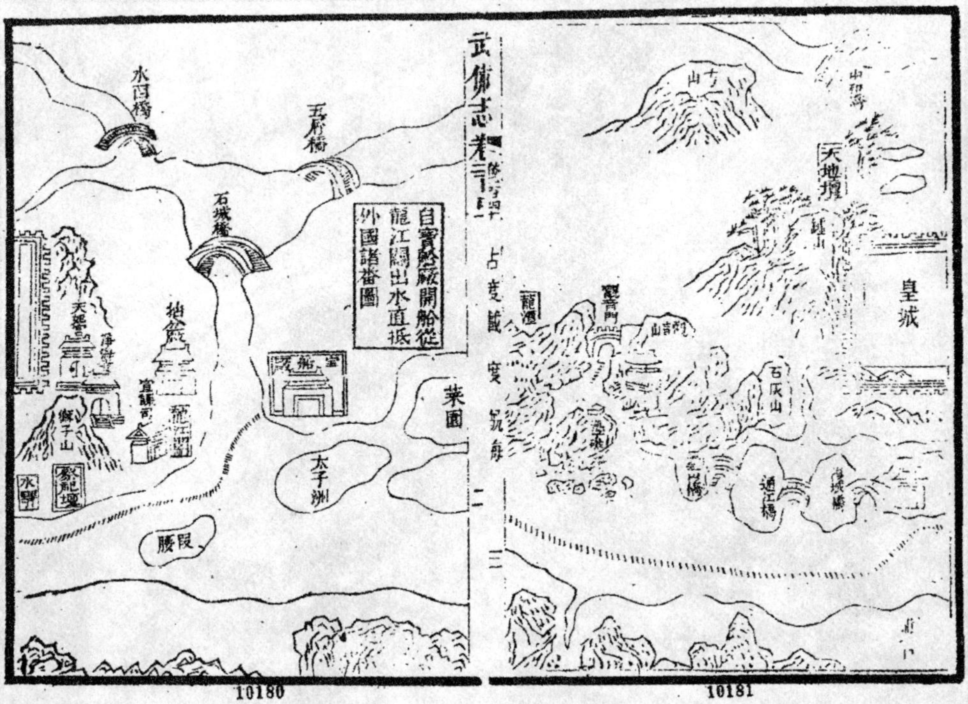

郑和宝船复原模型

它只是个模型，但是仍可让人想见郑和船队是何等的庞大与威风……

蓬莱古船中的明代船

宋庆历二年（1042），为抵御辽国的入侵，蓬莱“刀鱼寨”应运而生，蓬莱这个古籍中的“仙境之地”第一次成为水师基地。这个传统一直被延续下来，到了明朝洪武九年（1376），明太祖朱元璋为了加强海防，下令在刀鱼寨的基础上修筑了蓬莱水城，作为抵御倭寇入侵的前线堡垒。此后整个明代，蓬莱水城都是重要的水师基地。而如今一艘艘古船的发掘出土则为蓬莱水城这个千年军港提供了历史见证。

蓬莱明代古船的发掘

1984 年，考古人员在蓬莱水城发掘元代古船时，惊喜地发现这里还埋藏着其他古船，但是囿于当时技术水平和保护能力不足，并没有对其他的古船同步进行发掘。2005 年 7 月至 11 月，蓬莱古船的二次发掘工作由山东省文物考古研究所牵头启动。该所会同烟台市博物馆及蓬莱市文物局共同组成了一支专业的考古队，在原址上又发现了 3 艘古船。

蓬莱出土的明代古船文物

在前文中我们已经对 1984 年出土的蓬莱元代战船作了介绍。那么新出土的这三艘古船又是属于哪个年代？其同元代古战船又有哪些相同和不同点呢？要解答这些问题，还需要从伴随这三艘战船出土的文物说起。在这次发掘过程中，人们发现了 3 个石碇、2 件铁锚、4 条缆绳及 350 件瓷器。值得一提的是，这些瓷器的年代跨越了宋、元、明、清四个朝代。此外，人们还发现了不少高丽（朝鲜）的文物。专家们经过研究，判定这 3 艘古船中有 2 艘是高丽（朝鲜）古船，而另外一艘是中国明代的古战船。

蓬莱明代古船残骸

蓬莱明代古船的结构特征

这艘明代古船发现的位置在元代战船出土地点的西部。古船出土时，整个船身呈水平状态，而船体呈流线型，深埋在4.7米的淤泥之下。古船出土时，残长21.5米，宽5.2米，深5.6米。现代船舶学家通过细致的研究测算，得出这艘古船的总长为33.8米，船宽约为6米。想来这个宽度进入水城8米宽的水门就比较自如了。蓬莱明代古船的船身同之前发现的元代古船类似，船头呈V字形，中部呈U字形，尖头平底，属于一种名为“刀鱼船”的战船。由此看来，蓬莱明代战船在很多方面继承了前代的造船经验。

古船的龙骨采用主龙骨支撑首柱与尾龙骨，接口处采用榫卯结构，然后用铁钉和铁箍固定，再在交接处的上方用隔仓板加固的工艺。同时为了进一步增加稳定性，造船工匠们还在主龙骨与首柱和尾龙骨的接头部位增加了补强材料，从而多方位地确保战船的坚固，而且做工十分精细，体现出军工水准。

遗憾的是，由于年代久远，古船的舱壁板没有能完整保存下来，但是，人们依然能够发现古船上有14道舱壁，将船体隔成15个水密舱，而且每个水密舱与船底的接口处都设有两个流水孔，以便于排出船底积水。同时水密舱的设计还增加了船体的刚性，更适于海上作战。

值得一提的是，这艘明代战船与此前发现的元代战船有一个重要区别，那就是多了一个尾楼的设计。尾楼甲板起于第13号舱壁的上方，在尾楼楼顶的甲板前部还设有金、鼓、兵器以及架子，这些附件都显示了古船的作战用途。从设计中可以看出，主甲板下的任何一个舱室都有直梯到达主甲板，而尾楼内也有直梯可达主甲板下的舱室。尾楼的甲板两舷处还各设木板窗8扇，设计精巧，视野通透。根据船舶学家的研究，尾楼极有可能是操舵所在之处。

蓬莱古船博物馆

当我们介绍完元代以及明代的蓬莱古船之后，有一个独特的博物馆不应忽略，那就是位于山东省烟台市蓬莱阁景区小海西南岸的一座以古登州港与出土古船为主题的专业性遗址博物馆——蓬莱古船博物馆。走进这座博物馆，我们可以感受中国古船文化史的方方面面。

2012年5月18日，蓬莱古船博物馆正式对外开放。博物馆在4艘古船的发掘遗址上建成，营造出古船出土的真实场景，成为国内古船遗址博物馆的代表。该博物馆集科普性、知识性、教育性、休闲娱乐性于一体，是向世人传播船文化的重要场所。

这座博物馆的镇馆之宝就是迄今为止蓬莱地区出土的4艘古船。在博物馆的“瑰宝再现”展厅中，这几艘古船以剖析式的方式展出，使人们在观看古船时，不仅有感于它们的沧桑和壮观，同时也能了解中国古代船舶的技术特点和历史故事。

与此同时，博物馆中还展出了大量随古船一起出土的缆绳、铁锚、炮弹、铁剑等文物，许多文物上都有厚厚的海洋生物攀附的痕迹，最大限度地保留了水下文物的特征。这些资料让参观者能够更为直观地了解到中国古代的造船技术、航海技术以及军事史，展现了登州古港在“海上丝绸之路”和古代海防中的特殊地位。

值得一提的是，作为中国古船博物馆的代表，蓬莱古船博物馆中还设置了一个“船业文化”展厅，用壁画、雕塑、沙盘、大型幻影成像、场景复原等形式，向世人展现了中国古代造船技术的发展过程。游客们可以通过这些形象的展示，切实感受中国古代造船技艺的精良和发展历程的漫长。

蓬莱古船中的明代古船是中国明代造船工艺的一个缩影。作为几百年前中国战船的一员，它现在静静地陈列在博物馆中，向每一位前来参观的游客无声地诉说着自己的故事。应该说，蓬莱古船的挖掘和保护及利用模式是值得推广和学习的。希望我国更多的古船也能有机会像这样同大家见面，使我们也能分享它们的故事。

明代日渐清晰的三大海船分类

造船业的发展水平，尤其是远洋航船的发展水平，一定程度上是一个国家综合国力的象征。

中国古代的造船业曾出现过三个高峰时期，早期始于秦、汉，中期是唐、宋，后期就是元、明两朝。通过历史文献的记载可以看出，明代船型已经演变为三个主要类别，分别是“广船”“福船”和“沙船”。三种船型各具特色，展现了中国古代高超的造船技艺。

广船

“广船”最初是广东地区的民用船的泛称。到了明代，它特指抗击倭寇时所使用的战船，后来逐渐演化为一种船型的统称。广州是中国古代造船业重镇，这就为广船的发展奠定了良好的基础。广船的发展得益于它独到的区位优势。第一，广州三面临海，是中国通向南海沿岸国家的南大门，可以连通太平洋和印度洋。以广州作为起点，中国古代的远洋航线可以远至南亚、东南亚、阿拉伯、欧洲和非洲地区，广州港也因此成为中国对外交通的一个标志性港口，这对于广州造船业的发展具有极大的促进作用。第二，广州及其周边地区盛产林木，能为造船业提供优质的木料。第三，人们的生活对于航船的需求对船舶的发展也起到了决定性的作用。广州地区自古以来就是“以舟为车，以楫为马”，船就是古代广州日常生活的一部分。明朝时期广州地区频频遭受倭寇侵扰，对于战船的需求也变得更加强烈，广船因而不断被改进，以满足抵御倭寇的需要。

广船由东莞的“乌艚”船和新会的“横江”船演变而来，是抗倭斗争中的主力战舰。庞大的体型配合船上的战斗设施让广船成为性能良好的战船。与之前船型的发展方向不同，广船并不是一味地追求船体的巨大化，而是着意提升船身的坚固程度，并且增加了很多实用的作战功能。《明史·兵志》中记载广船是由铁力木制成，比福船的船身更坚固，配有火炮，并可以投掷火球。

广船在外形上有两个显著的特征：第一是尾部有一段较长的虚艄，第二是与众不同的船帆。广船的船帆展开以后形状酷似张开的折扇。为了减少船身的摇摆，广船的中线面安装有深过龙骨的中央插板，同时也起到一定的抗横漂作用。此外，为了方便舵手操纵，广船的舵采取了有许多孔洞的设计，这种舵也被称为开孔舵。

沙船

“沙船”是中国古代一种重要的船型，具有平头、方艄、平底、船身较宽、多桅多帆、吃水较浅的特点。沙船行驶平稳，特别适合在水浅沙滩多的地方航行。沙船的运用范围很广，几乎沿江沿海的地区都有沙船的踪影。自从诞生之日起的千余年来，沙船经久不衰，直到后来轮船兴起后才渐渐退出历史舞台。

沙船最早出现在今长江中下游的崇明岛地区。崇明岛位于长江入海口处，是长久以来由长江水流中所含的泥沙沉积而成的，所以崇明岛之前被叫作崇明沙。所谓沙船，即是“崇明沙船”的省称。

沙船的历史渊源可以追溯到南宋

广船

沙船模型

时期。《宋史・兵制》中记载："建炎初（1127—1130），李纲请于沿江、淮、河帅府置水兵二军……其战舰则有海鳅、水哨马、双车、得胜、十棹、大飞、旗捷、防沙、平底、水飞马之名。"这里的"防沙""平底"符合沙船的特点，被认为是沙船的祖式。

因为性能出色，沙船在问世以后便很快得到了普及。元代以降，沙船在漕运中扮演了十分重要的角色。沙船的船商们不仅占据了航运业的中心地位，而且还通过沙船船运的发展带动起了其他行业的兴盛。作为沙船的发源地，上海地区早期得以崛起，很大程度上就是得益于沙船航运业的带动作用。上海地区的沙船业规模庞大、财力雄厚，辐射范围可以达到整个江南地区，于是上海也就成为江南乃至全国航运的中心之一。正是由于这种历史渊源，上海市于 1990 年公布的市徽才会把沙船作为一个主要元素。

沙船底部较浅，抗横漂能力有限，不适于深海航行，但是这种船型底平能坐滩，不怕搁浅，因而不怕沙滩，可以在沙质海底的海域航行，在近海航行方面具有极大的优越性。也正因如此，沙船在内河及沿海近岸的民用运输中使用范围非常广泛，沿江沿海地区都有它们的踪迹。作为中国历史最久、运用范围最广、数量最多的船型，沙船在中国航运史上留下了浓墨重彩的一笔。

福船

"福船"是历史上福建沿海地区所制造的木帆船的统称，尖底的设计使它适宜远洋航行，是中国古代著名的一种船型。

福建省地形高低起伏，陆上交通很难发展。在中国古代，船一直是福建地区的重要交通工具。福建境内河流遍布，而且绝大部分河流最终都通向大海，所以这里的航运业尤其是海上航运业十分发达。而繁荣的海路运输也促进了福建船型不断向适宜海上航行的方向发展。

福建的造船历史可以追溯到春秋时期，吴王夫差就曾经在闽江口建立造船厂。根据《三国志》的记载，三国时期的吴国曾在福建设置典船校尉，将作奸犯科之徒送去造船，进行劳动改造。唐宋时期福建对外交流不断扩大，贞观（627—649）初年泉州建置，很快成为发展对外贸易的重要港口，从而促进了福建造船业的发展及兴盛。宋朝时期除了泉州之外，福州、兴化、漳州也逐渐发展成为重要的造船中心。

福船的舱壁由水密隔舱构成，具备良好的抗沉性能。明朝朝廷派遣使节去往海外，大都是到福建招募福船，这是因为福船尖底、小方头、阔尾、多水密隔舱的设计特别适合远洋航行。除了远洋航行之外，福船还可用作战船。明朝《武备志》中明确记载有福船的战船船型系列，包括了哨船、冬船、鸟船、快船；其中鸟船又包括开浪船和苍山船，属于小型的福船。福船的出现不仅促进了福建地区大型远洋贸易海港的发展壮大，还在中外经济文化交流中扮演了重要的角色，在中国历史乃至世界海洋文明史中都占有重要的地位。

福船模型

广船、福船和沙船各具特色，并在明代逐渐发展成型，共同造就了中国古代造船业的辉煌。

此外，也有学者认为浙江海域的海船船型介于沙船和福船之间，别具特色，可谓之浙船，与沙船、福船、广船并列为四大船型。

在木帆船时代，中国的造船技术冠绝全球，但伴随着后来“海禁”政策的束缚和轮船的出现，中国的帆船逐渐衰落。从三大船型分类中，我们也可以看出明朝造船业发展鼎盛时期的辉煌，这是值得我们记取、关注的。

浙船模型

《天工开物》中关于锚的记载

明代造船业的发展继承了宋元时期的良好势头，并且涌现出了大量与船舶相关的历史文献。它们或直接记述造船业的发展情况，或通过对当时船舶的描述间接地对造船业发展状况有所展现。宋应星的《天工开物》就是这些文献中比较重要的一部，书中图文并茂地对于当时船舶的生产用料、用工、造价等进行了较为详尽的叙述，其中对于船舶重要部件——锚的记载尤为详细。

《天工开物》中的造船业

《天工开物》成书并刊行于崇祯十年（1637），是世界上第一部记述农业和手工业生产技术的综合性专著。全书共分为 3 大卷、18 子卷，另有精心绘制的 120 余插图，详细记载了明朝末年农业和手工业的生产技术和经验，被称为“中国 17 世纪的工艺百科全书”，作者宋应星也被英国著名科技史专家李约瑟博士称为“中国的狄德罗”。

《天工开物》的第九卷《舟车》中全面系统地介绍了中国古代特别是明朝时期造船技术的全貌。书中根据船舶外形的不同，将船舶分成海鳅、江鳊、山梭等类别。除此之外，书中对船舶的配件尤其是船锚，不论是从应用角度还是锻造工艺方面，都有着详尽的解说。在认识《天工开物》中有关“锚”的记载之前，我们有必要对船锚的历史进行一个简单的回顾。

船锚的历史

锚的起源很早，几乎是和船同时出现的。在船舶史早期，人们停泊独木舟或舟船时，会把它们捆绑在岸边的木桩或者大石头之上，防止被水流冲走，这时候木桩和大石头起到的就是锚的作用。后来伴随着航运水平的提高，船舶航行的距离越来越远，尤其是后来出现了远洋航行，再在岸边找大石头和木桩来停船显然就不合时宜了，于是就出现了锚。

锚最早是用石头制成的，也就是石锚。石锚在古代也被称作碇，制作工艺十分简单，就是用绳索捆住大石头，或者用网兜装满石头，然后将其投入水中，用石头本身的重量拖住船身。这种石锚具有很大的局限性，由于石头本身抓地力不强，所以石锚还是容易被湍急的水流冲走。

于是，人们对这种“系石为碇”的结构进行改进，通过模仿树根抓地

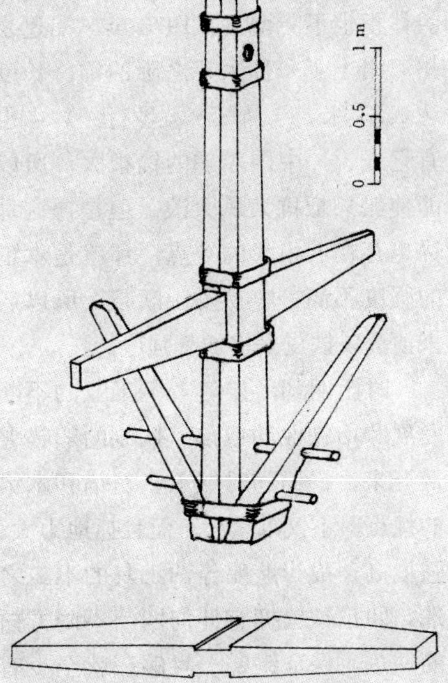

泉州法石乡宋元碇石
及复原后的木石结合碇

的原理，设计出两个爪的锚，同时在垂直于两爪的平面上设一个横杆，使得锚落水底后必有一爪插地。虽然锚本身的重量并不大，但是其抓地力非常强，一旦插入泥沙中，便十分稳固。从广州出土的东汉陶船模型中，我们可以看到此种锚的结构，其实际上是一种“木石结合碇”。

伴随着船舶体积的不断变大，锚的体积也不断增大。1975 年，福建泉州湾出土了一件宋元之际的锚，长度达 7.57 米。《马可·波罗行纪》中也有记载说，中国船舶的锚很大，所以能使船只抵抗大风大浪。但是，这种锚也存在着很大的缺点，那就是木爪的强度不高，容易发生断裂，所以后来便裹以铁皮来增加其强度。

时至明朝，伴随着手工业的不断发展和冶铁业的成熟，铁制的船锚普及开来。铁锚同时继承了石锚和木锚的优点，不仅重量大，而且抓地力大、强度高，成为航船停泊工具的不二之选。四爪铁锚拥有伸向四个不同方向的铁爪，保证铁锚一旦触底就至少有两个铁爪能够抓进泥沙，是中国独创的系泊工具。《天工开物》中记载，一艘粮船要配备 5~6 个铁锚，其中最

各时期的锚

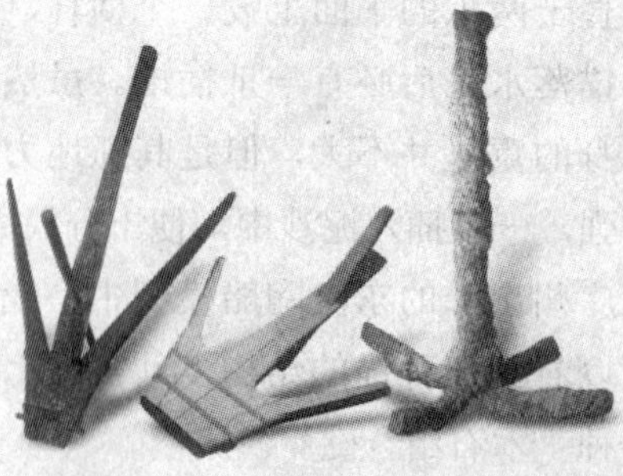

大的叫作“看家锚”，“重五百斤内外”。船舶遇到危机情况时便会投下“看家锚”，紧紧扣住水底的泥沙，从而化险为夷。1981 年，人们在泉州湾曾打捞出一只古代铁锚的残片，残片重 379 千克，高 2.78 米，可以想见完整的铁锚之大。由此可见，史书中记载郑和下西洋所乘坐宝船所配备的铁锚需要两三百个人才能抬得起来，所言非虚。那么，这么巨大的铁锚又是怎么制作完成的呢？

锚的制作

明朝时期，中国铁锚的制作工艺已经十分成熟。《天工开物》在第十卷《锤锻》中记载了铁锚的锻造工艺和锚爪的焊接工艺。

铁锚是在捶打和锻造工艺制造的铁器中体型最为巨大的，在制作过程中需要搭建一个上下两层的高大工棚：工棚上层的工匠们手持铁链，铁链的另一头拉住铁锚，以便控制铁锚拉升和翻身；工棚下层作为锤炼铁锚的主要场所，设有一个巨大的火炉。在锻造时，首先锤制铁锚的四个爪，然后再逐个锤接在铁锚的锚身上。如

果锚身重量在300斤之内，那么就由工棚下层的工匠手持包裹着铁皮的木棍从火炉中将锚身夹出；如果锚身重量在1000斤以上，工棚上层的工匠便拉动铁链，上下合力将锚身从火炉中拉出。锚爪的焊接需要用到一种焊剂。书中记载，中国古代工匠在焊接小件时常加入白铜末作为焊剂，而焊接大件时就用强行锤打的方法，但这种通过锤打焊接起来的大件并不能持久，所以后来在大件焊接的过程中，会在接口处加入黄泥，这样在锻接之后就会变得非常牢固。《天工开物》中专门强调，在锻接铁锚爪的过程中不宜使用黄泥，而应该用泥墙上的陈年旧土。这大概是工匠们在多年焊接工作中积累下来的经验之谈，而使用泥墙上陈年旧土焊接出来的铁锚确是严丝合缝、坚固异常。

铁锚这种巨大铁器的锻造不仅体现了中国古代令人惊叹的手工业锻造技术，也折射出了中国航海业的发展：大船配巨锚，方能在惊涛骇浪的海面上不动如山。

《康熙字典》中收录了“锚”字，解释是“船上铁猫曰锚”。由此可以推测，锚是由猫字演变而来，在保留

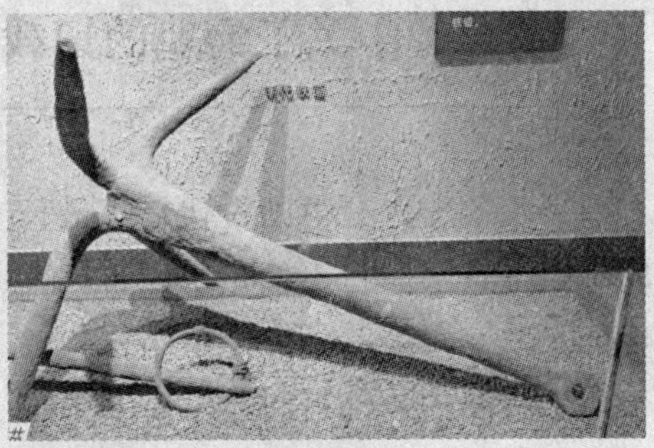

明代铁锚

了猫字读音的同时，又体现出自身的金属属性。在英文中吊锚杆被写作“cat-davit”，起锚车被写作“cat-block”，德语中的“katzenker”的意思“猫锚”，也就是四爪锚。从这里也能隐约看出中国铁锚向海外传播的痕迹。

《武备志》中关于海船的记载与分类

《武备志》是中国古代篇幅最长的综合性兵书。它不仅是中国古代重要的水陆军事专著，还是中国古代关于海上战船的一部百科全书。书中除了对前期早已存在的游艇、蒙冲、楼船、走舸、斗舰、海鹘船等战船有着详尽的描述，还记叙了当时新出现的各种战船。就中国海上战船的发展史而言，《武备志》是一部不可多得的经典之作。

《武备志》与茅元仪

《武备志》成书于明代天启元年（1621），是一部规模宏大的军事学类书。全书共计 240 卷，200 余万字，配有 738 幅珍贵的图片。作者茅元仪（1594—1640）出身于武将世家，不仅饱读兵书，也曾经作为一名战士上阵杀敌，熟悉海防，精于韬略。《武备志》是茅元仪历经 15 年，博采众长、呕心沥血完成的作品，《武备志》在内容的编撰、体例的编排和史料的收集等方面都取得了很高的成就。

在内容编纂上，《武备志》可以说是旁征博引、取舍有方。茅元仪家学渊源深厚，他的祖父茅坤是明朝著名的文学家和藏书家，茅坤一手搭建的白华楼藏书十分丰富。另外，茅坤还曾任职兵部，做过胡宗宪的幕僚，曾与之共同抗击倭寇，称得上是一个文武双全的人才。正是在这样的家庭环境中，茅元仪从小就耳濡目染，对军事和文学都产生了浓厚的兴趣。在编纂《武备志》的过程中，茅元仪在白华楼藏书的基础之上又多方搜集材料，并对材料加以仔细的挑选和甄别。据说他参阅过的兵书多达两千余部，几乎是翻遍了当时的所有兵书。因此，《武备志》可以称得上是中国古代兵书的集大成之作。

在体例的编排上，《武备志》全书包括兵诀评、战略考、阵练制、军资乘、占度载等五大部类，每一个部类又分成若干个小类，每个小类底下都设有三级目录，从理论到实践，逻辑清晰，层层推进，书中的结构划分一直为后人所称道。

《武备志》中的战船

作为一部军事学典籍，《武备志》不仅辑录了许多珍贵的军事学资料，还对当时的海船尤其是战船的分类有着详细的记载。书中收录了《郑和航海图》《航海天文图》以及明代一些少见的舰船、车船等，图文并茂，生动形象，使后人在几百年后还能看到当时战舰的形状。

福船在倭寇猖獗的时期开始流行开来，成为海上抗倭利器。福船原本是一种“捕盗船”，凭借着它在福建福清一带剿灭海贼过程中的出色表现，逐渐被官方重视，最终成为沿海抗倭的主力。《武备志》中记载的大福船“高大如楼”，一艘福船之上可以容纳上百名的官兵。全船可分为四层：最下面的一层装载着土石，起到稳固根基的作用；第二层是士兵休息的场所；第三层是船舶操作场所；第四层是一个大平台，作为战斗的主要

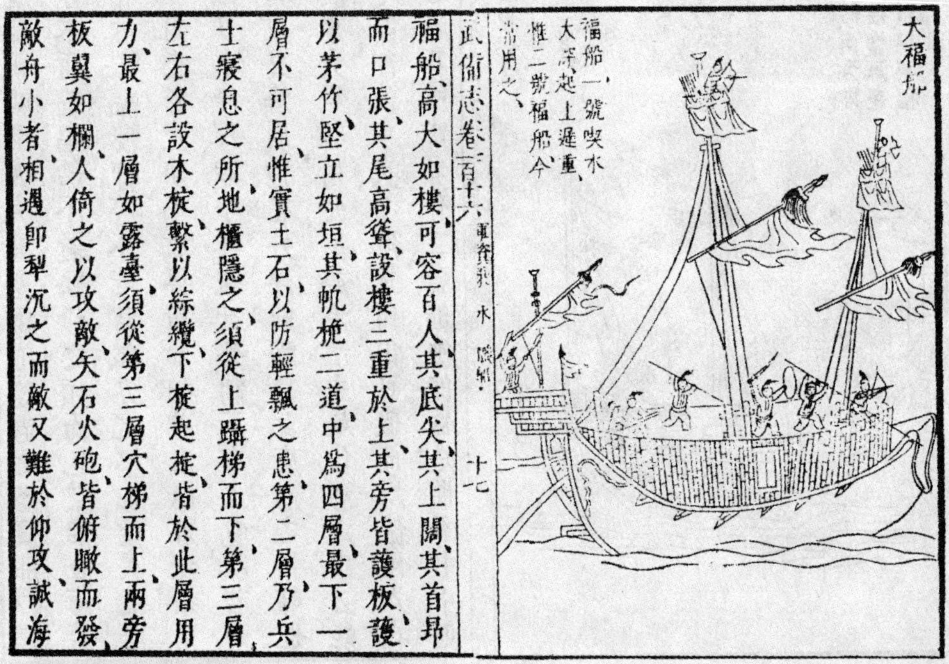
武備志卷一百十六 軍資乘 水 戰船 十七

福船高大如樓可容百人其底尖其上闊其首昂而口張其尾高聳設樓三重於上其旁皆護板護以茅竹堅立如垣其帆桅二道中爲四層最下一層不可居惟實土石以防輕飄之患第二層乃兵士寢息之所地櫃隱之須從上躡梯而下第三層左右各設木椗繫以椶纜下椗起椗皆於此層用力最上一層如露臺須從第三層穴梯而上兩旁板翼如欄人倚之以攻敵矢石火砲皆俯瞰而發敵舟小者相遇即犁沉之而敵又難於仰攻誠海

《武备志》中的大福船

阵地。在发生海战时官兵集聚于顶层的大平台上，自上而下倾泻火力，可以说是当时海战中的航空母舰。抗倭名将戚继光曾说过：“夫福船高大如城，非人力可驱，全仗风势。倭舟自来矮小，如我之小苍船，故福船乘风下压，如车碾螳螂……”但是，福船庞大的船身也有其局限性。由于船身过大，福船只能在深海作战，进入浅水区域就会“回翔不利”，变得笨拙不堪，失去战斗能力，“是以贼舟一入里海，沿浅而行，则福舟为无用矣”。

广东船（即广船）是另一种重要的海上战船，新会县尖尾船和东莞县大头船都是广船的一种变型。《武备志》中着重强调了广船和福船的区别。广船的船身两侧搭载着摇橹，而且风篷和扎制都跟福船不同。广船的船身

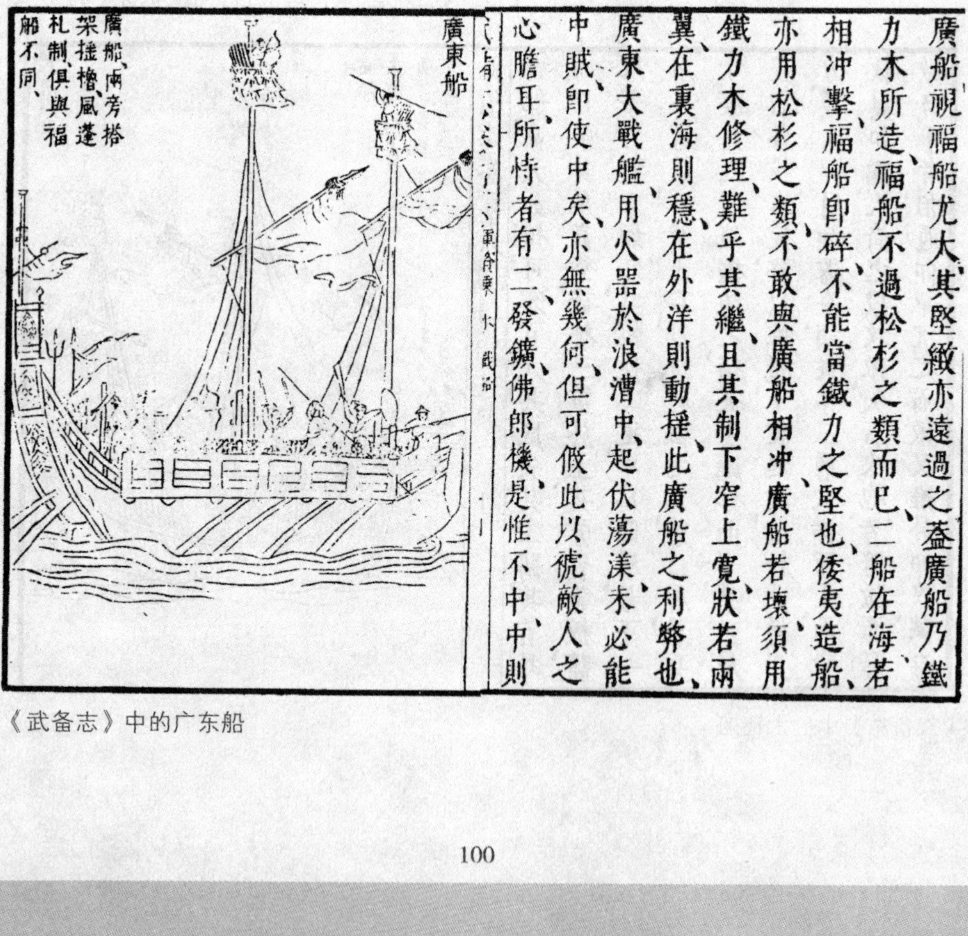

廣船視福船尤大、其堅緻亦遠過之、蓋廣船乃鐵力木所造、福船不過松杉之類而已、二船在海、若相冲擊、福船即碎、不能當鐵力之堅也、倭夷造船、亦用松杉之類、不敢與廣船相冲、廣船若壞、須用鐵力木修理、難乎其繼、且其制下窄上寬、狀若兩翼、在裏海則穩、在外洋則動搖、此廣船之利弊也、廣東大戰艦、用火器於浪漕中、起伏蕩漾、未必能中賊、即使中矣、亦無幾何、但可假此以虠敵人之心膽耳、所恃者有二、發鑛、佛郎機、是惟不中、中則

《武备志》中的广东船

是由铁力木打造的，比用松杉木打造的福船更为坚固。假若广船和福船相撞，“福船即碎”。而且正是由于铁力木木质坚硬，广船也比福船更为耐用。另外，广船搭载的武器威力也较福船更为强大，除了火炮以外，广船还配备了佛郎机炮，同时还能够投掷火球，敌船“不中则已，一旦命中，贼舟尽毁”。但是，广船的稳定性比福船要差很多，所以在颠簸的海面上使用火器的命中率也不像福船那样可以维持在一个稳定的水准上，可见广船和福船各有千秋。

除了福船和广东船这两种战舰，《武备志》中还记载了一些其他战船，如草撇船、高把稍船、渔船、网梭船、蜈蚣船、两头船、喇叭唬船等。

草撇船、高把稍船，《武备志》中只收录了图形，并没有相关的文字记载。渔船和网梭船属于微型战船，其中渔船每艘能承载三个人：一个控制布帆，一个划桨，一个负责射击，其特点就是灵活快捷、机动性强，适合偷袭，能够适应浅海海战的需求。网梭船的形状类似一个网梭，故而得名。它的最大特点就是快，由于船身较小，可以自由穿梭于各种环境中，适于当作哨兵船来使用，而且它的造价低廉，如果遇到敌袭可以直接弃船。蜈蚣船的船桨很多，取名蜈蚣十分形象，嘉靖四年（1525）开始引进，嘉靖十三年（1534）便被裁革。蜈蚣船的船舷设有数十把船桨，众人划桨，船行如飞，而且船上装配了佛郎机炮，威力巨大。两头船是一种运粮船，在海战中充当补给船。它的船型结构首尾相同，可以根据风向的顺逆灵活地改变航向，节省了调头和转弯的时间，方便灵活。与之相似的还有喇叭唬船，其在浙江和福建烽火门水寨中较为流行。这种船底尖面阔，首尾相同，船底龙骨直接连通，船中每侧有8~10支船桨，“其疾如飞”。

《武备志》中的战船编队

前文中提到，广船和福船由于自身船体过大，在实际海战中存在一定的局限性，而小型战船的灵活性则能与之互补，所以在实际的海战中，两类船往往是相互配合，来实现克敌制胜的。比如《武备志》中记载的福建船阵，由6艘战船组成：一号、二号船为福船，是船阵的主力，三号船为哨船，四号船为冬船，五号船为鸟船，六号船为快船。哨船和冬船用于追击逃亡的流寇，鸟船和快船用于探哨和战后清理战场。6 艘战船分工明确，各司其职，达到了较高的战术水准。

海上战船是中国古代海船的一个重要组成部分。明朝时期东部沿海地区倭寇猖獗，为了抵御倭寇，海上战船进入了大发展时期。而在那一时期出现的《武备志》，对各式战船都有着较详细的记载。今天翻读《武备志》，我们耳边仿佛会响起几百年前战船在大海上轰击倭寇时的隆隆炮声。虽然在明廷实行海禁政策之后，海上战船的发展也就随之没落，但《武备志》所载的辉煌历史依然值得我们铭记。

《使琉球录》中的封舟

琉球群岛位于太平洋西侧的东海中，这个由 70 多个小岛屿组成的群岛横列在中国的台湾岛和日本的九州岛之间。在历史上，中国同琉球曾经保持着密切的联系。陈侃的《使琉球录》就是明代中国同琉球关系的见证。当时载着陈侃出使琉球的封舟担负着促进两国友好邦交的使命，《使琉球录》中对封舟也有着详尽的描述。

《使琉球录》与陈侃

《使琉球录》是一部游记。作者陈侃（生卒年不详）是浙江鄞县人，曾经担任过刑部吏科给事中。嘉靖十一年（1532），他奉旨出使琉球，对中山王世子进行册封。《使琉球录》成书于陈侃归国以后，书中记载了陈侃经过了两年的准备以后在嘉靖十三年出使琉球时的所见所闻，相当于陈侃出使琉球的工作总结，或者说“一个册封使的旅途日记”。书中不仅对于抵达琉球以后琉球国迎接册封使的盛况以及琉球当地的民俗风情和名胜古迹记载详尽，更加难能可贵的是，还对册封使乘坐的封舟有着细致入微的描述，精确到了桅、锚、橹等细节，所以这部游记也是后人研究明代造船和航海业发展的重要参考资料。可惜的是，《使琉球录》并没有完整流传下来，现在我们看到的《重修使琉球录》是在《使琉球录》的基础上整理出来的修订本，不过仍然是一部弥足珍贵的史料。

亦官亦商的封舟

封舟特指中国明清两朝出使琉球的册封使们所乘坐的使船。册封使们带着皇帝的敕书乘坐封舟，劈波斩浪前往琉球，代表明朝的统治者对新上任的琉球国王进行一种形式上的册封，象征着对其政权的认可，封舟的得名因而具有鲜明的政治色彩。但是，封舟并不仅仅是一艘单调的官船，同时还具备一些商船的性质。封舟实际上并没有统一的规格和制造工艺，有的时候就是直接征用的浙江、福建一带的民船。封舟上除了朝廷派去的册封使以外，其他随从人员往往会自行带上一些商品，同琉球人互通有无，进行贸易。虽然这种随船的商业活动没有获得朝廷的认可，但也逐渐成为一种约定俗成的习惯。

封舟结构探微

根据《使琉球录》的记载，陈侃出使琉球时乘坐的封舟是在福州打造的，出航时船身通体由红色的帷幔缠绕，船长约 45 米，宽约 8 米。封舟船舱高度设计得很低，大约只比船身高出半米左右，船舱内部高度约 3.5 米，人们通过扶梯进出。舱内一共有 23 个小隔间。为了应对因风浪偏离航线而久久不能靠岸补给的情况，船舱内还专门存放了 40 柜的淡水。在海上，淡水是十分宝贵的资源，书中记载“勺水不以惠人”，足见对于淡水的珍惜。为了躲避大海上的风浪，船舱的门被设计得很小，船舱的前后各有一个 1 米多高的“遮波板”，也是为抵御风浪而设计。封舟上共有 5 根桅杆，其中主桅杆周长约 2 米，高约 22 米，是将 5 根小木用铁环固定而成。在封舟的后方设有一个两层小楼，其中就包括放置诏书和天妃像的神堂，代表着对于圣意和天意的顺从，可见明朝时期福建地区的妈祖信仰已经非常普遍了。封舟上配有 4 个船舵，以备不时之需；配有船橹 36 支，是为了在遭遇一些小型风浪时，可以通过人力来提供推进力和掌控航向，可见当时中国海船的制造水平在世界上位居前列。封舟的战斗力也是不容小视的，都会配备足量的武器装备。陈侃乘坐的封舟上还配备有两架佛郎机，主要是起到威慑作用，“所以壮国威而寒外丑之胆也”。

即便封舟的设计在当时已经十分先进，出海的危险系数还是很高。比如，封舟主桅杆上的铁环一旦损坏就有桅折帆倾的危险。陈侃在书中也记载了一次事故：由于船板的连接并不

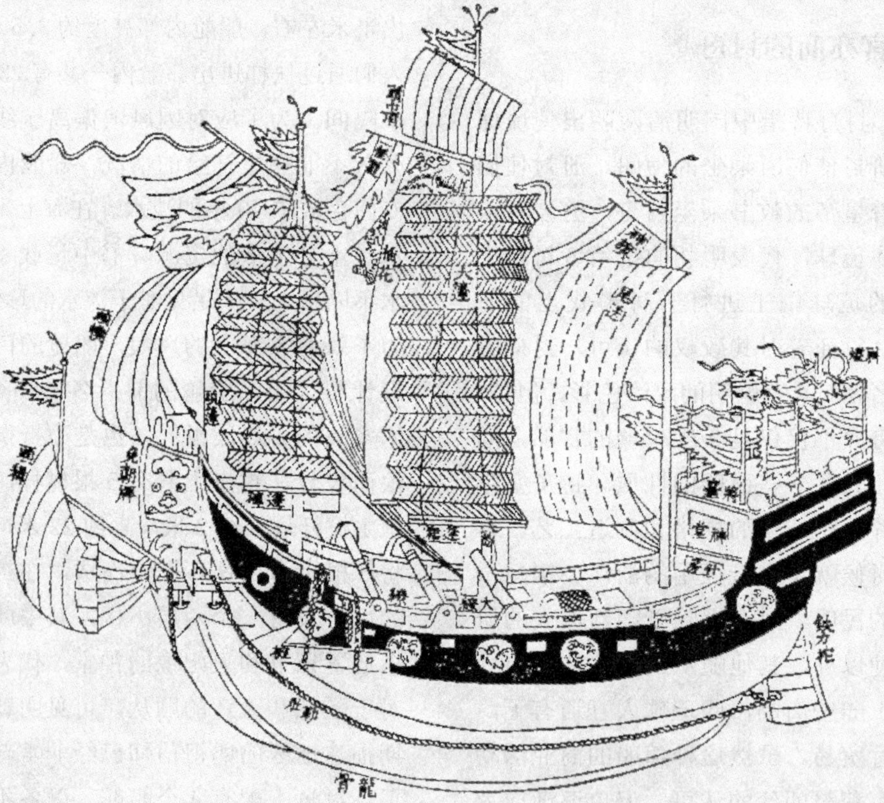

封舟图

明代佛郎机火炮

牢固，船上用的棕绳又不够紧密，导致有船舱进水，船舱内的人只得不停向舱外引水，幸亏最终找到了船舱进水的缝隙，才保全了船上的人员。正是由于远洋航海存在危险，在出航之前船员们往往会做好万全的准备。清朝康熙年间（1662 — 1722）张学礼的《使琉球纪》中就写道："前朝旧例，封舟出海，恐漂流别岛不能复回，随带耕种之具。"足见册封之路充满了艰辛。在陈侃之后，明朝出使琉球还有 4 次，等到了清朝，出使琉球更为频繁，以至于封舟全部由官方负责制造，礼部会指派福建当地的官员进行监造。造船厂就设在今福建省闽侯县闽江中的南台岛上，封舟的送迎仪式也是在南台岛上举行。

外国学者的著作中也曾提到过中国的封舟。美国学者布鲁斯·斯旺森（Bruce Swanson）在他的著作《龙的第八次航行》中就配了一张封舟图，对于封舟的描绘细致全面，如船尾的两层小楼中的神堂、驾驶舱等都与《使琉球录》中的记载完全一致。

中国自古以来就是一个爱好和平的国家，封舟承载的是古代中国与琉球之间的友好往来。封舟是友好之船、合作之船，这与西方国家在大航海时代中野蛮的殖民掠夺行为形成了鲜明的对比。当前世界各国对于海洋权益的争夺愈演愈烈，我们是否可以吸取古人的智慧，效仿古人，搁置争议来实现和谐共赢呢？无疑，这是一个充满希望、值得期待的解决方案。

“万年清”号模型

明末以后中国海船发展的新气象

明末以后，中华帝国江河日下，可造船业的发展却呈现了一片新气象。不仅有往返于中日的“唐船”在两国之间穿梭，有“耆英”号帆船的起锚远航；而且，在“师夷长技以制夷”的口号下，安庆内军械所、江南机器制造总局、福建船政局等一批近代造船机构诞生，建造近代船舶成为这些机构的共同任务。在这些机构中，诞生了中国第一艘轮船“黄鹄”号，走出了中国第一批造船专家徐寿、华蘅芳，创立了中国近代第一所船政学堂。有人说，这一时期的中国造船史是一曲不屈的悲歌，近代以来中华大地饱受欺凌，而敲开中国大门的正是西方的坚船利炮。但是也要看到，在新的历史条件和时代背景下，中国人仍保持着积极进取、不甘落后并勇于创新的民族意识和气节。

明末清初往返于日本的唐船

明末清初时期，日本正处在江户时代（1603—1867）。这一时期的日本正奉行闭关锁国的海禁政策，只留长崎一港通商，通商的对象仅包括中国和荷兰两国。这一时期往来于中日海上航路的中国商船被统称为“唐船”。对于唐船的记载在长崎的版画、书籍中都有所提及，为我们留下了珍贵的史料。在日本甚至还有一首广为流传的歌曲《唐船》，表达了唐船安全到港时的欢快心情。这些都是唐船留给我们的宝贵记忆。

从“唐船风说书”说起

“唐船风说书”，指的是记录着从唐船上带来消息的文书，有着“风闻传说而写成之意”，这在江户时代曾经是日本接受外部信息的重要渠道。江户时代德川幕府奉行闭关锁国的海禁政策，严格限制日本同外界的往来，官方仅保留长崎一个港口同国外保持交通，而且长崎港也只接待来自荷兰和中国的船只。

正因为如此，日本政府特别重视来往长崎港的商船，着重注意从进入日本的商船那里了解外部世界的信息，以便于审时度势，思索应对措施。这让日本在锁国体制之下也能不完全与世界脱节。那些来往于中国及东南亚与日本之间的航船被日本称为“唐船”，而那些由唐船带来的外部大千世界的林林总总所汇集成的文书，就被称为“唐船风说书”。后来日本幕府儒官林春胜、林信笃父子将1644～1724年的“唐船风说书”进行了整理，编纂成了《华夷变态》一书，流传至今。该书在中日文化交流史上占有重要的地位。

为了方便搜集外部信息，德川幕府在长崎专门设立了“风说定役”，作为撰写和传达风说书的部门。史料记载，每当一艘唐船进入长崎港口的时候，就会有信使飞速上报日本朝廷，而长崎的风说定役们就立刻前往唐船上进行接应，同时询问信息，撰写风说书，然后第一时间将风说书报送朝廷。幕府还多次申明长崎的官员们在撰写风说书的时候不能敷衍了事，要当面征询唐船上船员的见闻，尤其是要搜寻各种“异闻”。现在看来，在风说书中不仅包含了明末清初中国社会的形象，还可以从中了解当时中国和日本眼中整个世界的发展。

唐船为长崎带来了生机和活力，同时也给整个日本带来了别开生面的外部世界信息，所以日本尤其是长崎地区的人们对于唐船怀有深厚的感情。也正因为如此，唐船的英姿在介绍长崎的插图和在长崎的版画中都有遗存，无论是从美术史的角度还是从海洋交通史的角度来考量，它们都是十分珍贵的。

长崎港复原的唐船

《唐船之图》与唐船

人们对于唐船的了解，离不开日本江户时代画师笔下的《唐船之图》。珍藏于日本长崎县平户市松浦史料博物馆中的《唐船之图》，是目前发现的记录有中国古代帆船造船法式的最珍贵的图片资料之一。它共包含 12 艘船的图样，其中有 11 艘是中国船型，1 艘是荷兰帆船；图幅宽 57 厘米，长 982 厘米。1971 年，当英国著名的科技史学家李约瑟博士在日本逗留期间接触到《唐船之图》时，便对这些图画产生了浓厚的兴趣。从他后来的著作中可以看出，《唐船之图》是研究唐船重要的基础性史料。

唐船之图

那11幅描绘唐船的图画中包括了南京船、宁波船、福州造南京出航船、台湾船、广东船、福州造广东出航船、广南船、厦门船、暹罗船和爪哇船等各类。画师们还非常详细地标注了船体各部分的大小，缩放比例也很准确；另外图中使用的色彩极为逼真和绚丽，从而为后人科学地研究唐船提供了绝佳的资料。画卷中的中国船型可分为沙船、福船、广船和浙江船四类。其中，南京船属于沙船型，平头，平尾，平底，船上有两根桅杆，整体形状类似荷包蛋，船的两舷各置一个披水板；厦门船、台湾船、福州造南京出航船和福州造广东出航船为福船，尖底，小方头，阔尾，多水密隔舱；广东船属于广船，尾部还有一段较长的虚艄，船帆张开以后形状酷似张开的折扇；宁波船属于浙江船，船头和船尾上翘，船身较小；广南船属于越南船，这里的广南并不是中国的两广南部，而是今越南一地区名称，广南船在中国帆船的基础上混搭了西洋帆船的大船帆风格；暹罗船指的是泰国船，在船头处有一张巨大的斜帆，体积比其他船型都更为巨大。从《唐船之图》可以看出，即便是来自东南亚地区的海船也都表现出中国船的风格，可见中国帆船对南海周边国家的影响是十分深刻的，这也从一个侧面反映出那一时期中国同周边国家的海上交通十分密切。此外，在《唐船之图》后附有一卷《外国船具图卷》，主要是唐船甲板上船具的写生图，不仅描画了唐船上的船具，还标注出船具的大小和尺寸，也是一份难得的史料。

唐船与中日文化交流

唐船的始发港是中国东南沿海各港，以及安南（今越南）、暹罗（今泰国）、爪哇、马六甲等东南亚各地的港口。自康熙二十四年（1685）颁布“展海令”以后，中国前往日本的唐船数量激增：1684年唐船数量为24艘；到了1685年唐船的数量就变成了85艘；1686年唐船的数量达到102艘；1688年则达到了194艘。此后，日本对于每年准入的唐船的数量加以限制，其直接后果是唐船纷纷趋向了大型化。

唐船属于商船。明清之际，中日两国都严格限制对外贸易。日本的港口设有专门的官员对唐船进行严格的检查，唐船船员的上岸人数、停留时间、停留地点都受到严格的限制；返航之时，唐船货物也需经过严格的检查，得到信牌才有机会再次同日本进行商贸往来。

种种严格的规定阻挡不住唐船往来的帆影，在那个特殊的时代背景下，唐船成为中日两国之间沟通和交流的桥梁。唐船的主人虽是商人，但却意外地担当起了文化交流的使者。

唐船对于促进中日交流起到过重要推进作用。在日本流传下来的《唐船修理图》中有一首题诗，内容是："大清货舶。海外长通一好邻，万艘贸易两事新。得到汉土寻常物，都作东方无限珍。"诗中日本国民对于唐船的热情欢迎溢于言表。可见，唐船当时已成为中日文化交流的见证。

唐船作为一个特殊的文化符号，牵起了一段中日一衣带水友好交流的历史。在浩瀚的中国历史文献中，找到有关帆船的片段记载并不难，但能在异国的图文历史资料中找到系统、详细记载中国帆船的史料实属不易，这也正从一个侧面说明了中日两国有着密切的文化交流。

"耆英"号——远洋航行最远的中国帆船

"耆英"号是一艘中国帆船，它曾创下中国帆船远洋航行距离最远的纪录。在西方人眼中，"耆英"号也许是最著名的一艘中国帆船，但是它在国内却并不为人所熟知。

"耆英"号和它的故事可以说是晚清时期我国社会的一个缩影。它同清朝末年的中国一样，被强行拉入资本主义列强的世界中去，向工业化刚刚起步的西方世界展示了中国当时高超的航海技术和造船能力。

"耆英"号的由来

"耆英"号得名于当时的两广总督爱新觉罗·耆英（1787—1858），他是中国近代史上第一个不平等条约《南京条约》签订时的中方代表。第

“耆英”号

一次鸦片战争，英国率先用武力叩开了中国的大门。得胜的英国人对于广袤的中国大地充满了好奇，以航海起家的英国人对于中国造船技术更是充满了求知欲，有着几千年发展历史的中国的木质帆船航海能力到底如何，英国人决定亲自测试一番。几名英国商人顶着当时清朝政府禁止中国航船买卖的禁令，历经艰难曲折，在广州秘密购买了当时中国最先进的一艘兵船，并把它命名为“耆英”号。

“耆英”号建成于1846年8月，由于本身是一艘兵船，所以整体做工上乘。船体的载重量约为700吨，是由柚木打造的，船头和船尾高高翘起，船体坚硬。其船身长约50米，宽约10米，船舱深约5米，有15个水密舱，设有3根桅杆，主桅杆高约27米，另外两根桅杆分别高约23米、15米，主帆巨大，重达9吨，需要全部船员

塞缪尔 · 沃（1814—1885）的《纽约港湾》中绘制的 1847 年停泊于纽约港的“耆英”号

耗时两个小时才能完全升起。“耆英”号上携带着三个巨大的船锚，连接船锚的绳子是用藤条编成的，船舵采用了开孔舵的设计，重达7吨，需要两根粗大的绳索进行固定，属于悬吊式尾舵。

关于“耆英”号属于广船型还是福船型的争论一直存在。实际上“耆英”号兼具福船和广船两种船型的优点，首尾高翘，多水密舱，开孔舵，船身用料考究，吃水深，适合远洋航行，是我国木质帆船的优秀代表。“耆英”号的船舱内外都绘着带有浓郁中国风的装饰画，色彩艳丽，图案精美，比较有代表性的是船头和船尾处都画了两只巨大的龙眼，传说这是为了让航船在茫茫大海上不致迷失方向。

“耆英”号的远航

1846年12月5日，“耆英”号从珠江口出发，开始了它的传奇之旅，这也注定是一次没有归程的远航。

“耆英”号的目的地是英国，出航时船上共有30名中国人和12名英国人。“耆英”号的出航在香港引起了巨大的轰动。当时的香港已经沦为

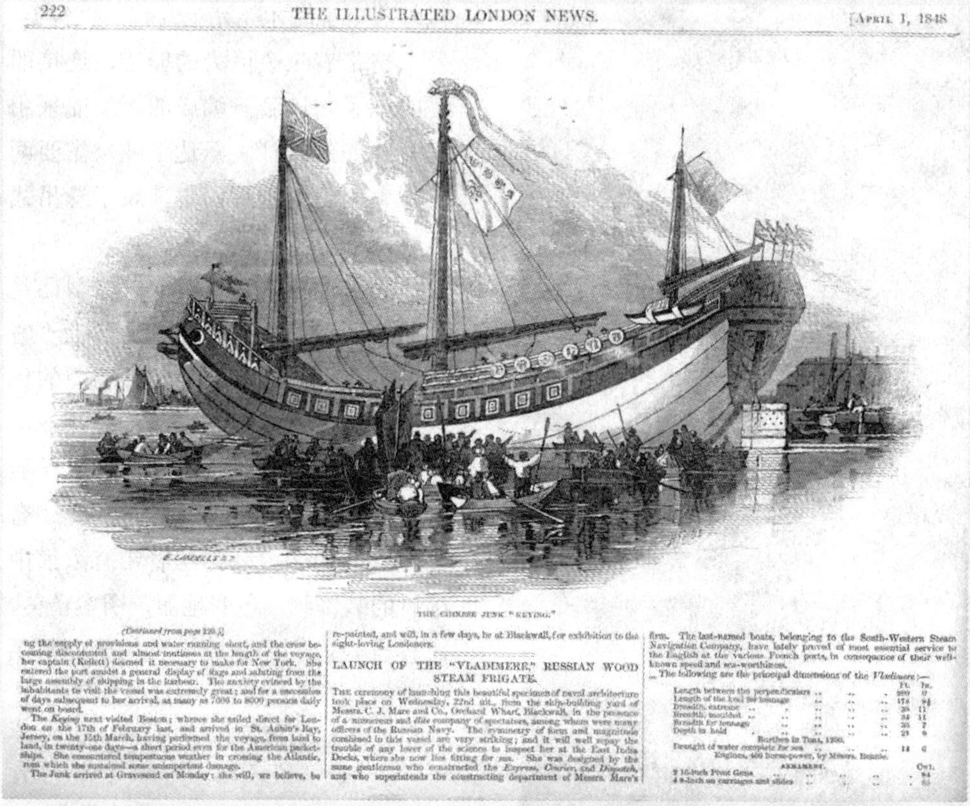

222 THE ILLUSTRATED LONDON NEWS. [April 1, 1848.

THE CHINESE JUNK "KEYING."

(Continued from page 220.)

ng the supply of provisions and water running short, and the crew becoming discontented and almost mutinous at the length of the voyage, her captain (Kellett) deemed it necessary to make for New York. She entered the port amidst a general display of flags and saluting from the large assembly of shipping in the harbour. The anxiety evinced by the inhabitants to visit the vessel was extremely great; and for a succession of days subsequent to her arrival, as many as 7000 to 8000 persons daily went on board.

The *Keying* next visited Boston; whence she sailed direct for London on the 17th of February last, and arrived in St. Aubin's Bay, Jersey, on the 15th March, having performed the voyage, from land to land, in twenty-one days—a short period even for the American packet-ships. She encountered tempestuous weather in crossing the Atlantic, from which she sustained some unimportant damage.

The Junk arrived at Gravesend on Monday: she will, we believe, be re-painted, and will, in a few days, be at Blackwall, for exhibition to the sight-loving Londoners.

LAUNCH OF THE "VLADIMERE," RUSSIAN WOOD STEAM FRIGATE.

The ceremony of launching this beautiful specimen of naval architecture took place on Wednesday, 22nd ult., from the ship-building yard of Messrs. C. J. Mare and Co., Orchard Wharf, Blackwall, in the presence of a numerous and *élite* company of spectators, among whom were many officers of the Russian Navy. The symmetry of form and magnitude combined in this vessel are very striking; and it will well repay the trouble of any lover of the science to inspect her at the East India Docks, where she now lies fitting for sea. She was designed by the same gentleman who constructed the *Express*, *Courier*, and *Dispatch*, and who superintends the constructing department of Messrs. Mare's firm. The last-named boats, belonging to the South-Western Steam Navigation Company, have lately proved of most essential service to the English at the various French ports, in consequence of their well-known speed and sea-worthiness.

The following are the principal dimensions of the *Vladimere*:—

	Ft.	In.
Length between the perpendiculars	[illegible]	[illegible]
Length of the keel for tonnage	174	[illegible]
Breadth, extreme	38	11
Breadth, moulded	34	11
Breadth for tonnage	35	7
Depth in hold	23	[illegible]

Burthen in Tons, 1300.

	Ft.	In.
Draught of water complete for sea	14	6

Engines, 400 horse-power, by Messrs. Beattie.

ARMAMENT.

	Cwt.
2 10-inch Pivot Guns	[illegible]
4 8-inch on carriages and slides	[illegible]

《伦敦新闻画报》（*Illustrated London News*）1848 年 4 月 1 日报道“耆英”号的文章

英国的殖民地，一艘目的地是英国的中国木船抓住了所有人的神经，大家纷纷来到岸边，想看一看这个即将跨越大半个地球的帆船。在“耆英”号出发之前，当时的香港总督戴维斯爵士、英国海军分舰队司令托马斯·科克伦伯爵及其舰队的所有军官，以及驻港英军总司令和大部分香港名流都登上了“耆英”号的甲板，大家都想成为这一历史性时刻的见证人。在“耆英”号离开港口时，停泊在港口的英国军舰礼炮轰鸣，而“耆英”号也鸣放礼炮作为回应。在一片激昂热烈的氛围里，“耆英”号启程驶向了英国，这一路上“耆英”号一直在创造着历史。

经过了一段平稳的航行后，1847年3月31日，“耆英”号绕过了好望角，成为有记载的第一艘抵达好望角的中国帆船。在穿过好望角时，“耆英”号遭遇了一场猛烈的海上飓风，而“耆英”号凭借着自身良好的性能成功战胜了风暴，证明了自己是一艘出色的海船。作为一艘木帆船，它的抗击风暴的能力丝毫不弱于西方经历大航海时代之后制造的远洋航船。1847年4月17日，“耆英”号到达了南大西洋的英属圣赫勒拿岛，这里曾经是拿破仑被流放的地方。当时圣赫勒拿岛上的几乎每一个英国人都争相前来参观“耆英”号。这艘中国木船乘风破浪来到这里，被认为是一个了不起的奇迹。

在离开了圣赫勒拿岛以后，船长的原定计划是直接去往伦敦，但是由于遇上了强劲的逆风和洋流，“耆英”号不得不放弃原有的航线，转向朝着美洲方向驶去。“耆英”号选择停靠的港口是纽约港，在这里它又受到了十分热烈的欢迎。“耆英”号伴随着轰鸣的礼炮声进驻了挤满遮天蔽日的旗帜和密密麻麻的欢迎人群的纽约港，这一事件无疑成为整个纽约的焦点。纽约市民对于“耆英”号的兴趣也是异常浓烈，每天登船参观的游客达7000~8000人次。后来“耆英”号又前往波士顿停靠，前来参观的人也是络绎不绝。

“耆英”号于1848年2月离开波士顿，仅用了21天就抵达了英国泽西岛上的圣奥宾海湾，比当时往返于这条航线上的西方航船还要快。对于好奇的英国人来说，“耆英”号显然是交出了一份漂亮的答卷。由于在跨越大西洋的过程中受到恶劣风暴天气的影响，“耆英”号的船体受到了轻微的损坏，经过短暂的休整并重新刷漆后，“耆英”号抵达了伦敦布莱克沃尔，对已经翘首以盼很久了的伦敦市民们公开展出。

“耆英”号置身于西方巨型铁甲舰中间，显得十分特殊。维多利亚女王、阿尔伯特亲王、威灵顿公爵等许多著名人物都登船参观，“耆英”号再次成为世人的焦点。但遗憾的是，“耆英”号在伦敦展出不久以后，就被拆解供研究了。拆解下来的木材被制成了两艘渡轮和一些纪念品。我们现在已没有办法亲眼得见这艘传奇帆船的身姿了。

“耆英”号纪念章

“耆英”号的原船已经不见了踪迹，但是“耆英”号还是留下了很多图片资料。此外，英国还专门发行了“耆英”号系列纪念章来纪念它的壮举。

“耆英”号系列纪念章是铜质纪念章，共有五种版式。前四版纪念章上的图案都是“耆英”号在海面上航行时的姿态，每版纪念章上“耆英”号的角度和身姿都有所不同，有的纪念章上还专门在“耆英”号周围雕刻了几艘小船来烘托“耆英”号的英姿。第五版纪念章上出现了爱新觉罗·耆英本人的半身像，属于系列纪念章中比较特殊的一版。纪念章的背后刻满了英文铭文。文字多的为大型章，其直径为 4.5 厘米；文字少的为小型章，其直径为 2.7 厘米，铭文的大意是：“‘耆英’号是中国古船的代表，是第一艘航行距离远至大西洋的中国木帆船，这是史无前例的。该船建于 1846 年 8 月，于 1846 年 12 月 6 日离开香港，1847 年 3 月 31 日到达好望角，最终于 1848 年 3 月 27 日到达英国伦敦。”铭文内容符合史实，雕刻精美，

“耆英”号纪念章

同正面的图像相得益彰。

“耆英”号是我国传统造船工艺的集大成者，船型的设计综合了当时各种船型的特点，是我国清代造船工匠智慧的结晶。“耆英”号是第一艘航至英国伦敦的中国木帆船，在它短暂的航行寿命中创造了无数的第一次，也将我国古代高超的造船技艺带到了欧洲，震惊了世界。但是，当时的中国已经开始逐步沦为半殖民地半封建社会，“耆英”号的命运也如同那个已经日薄西山的封建王朝一样，最终在西方列强的手中化为了历史车轮下的一声叹息。

安庆内军械所与“黄鹄”号轮船

中国的造船业在 15 世纪时曾独步世界，郑和七下西洋的伟大壮举使中国成为当时当之无愧的世界第一航海大国。18 世纪六七十年代，西方的工业革命爆发，大机器生产代替了手工工场。19 世纪初，美国人富尔顿发明了轮船，翻开了世界造船史的新篇章。19 世纪中叶，来自西方的坚船利炮彻底打开了中国的大门，中国也出现了第一批“开眼看世界”的官员，他们被称为洋务派。正是他们带领着中国人建立了近代化的工厂，制造出了第一艘中国轮船。

中国近代的第一座兵工厂

安庆内军械所又称“内军械所”“安庆军械所”，是我国近代的第一座兵工厂，1861 年由曾国藩（1811 — 1872）一手创建。这一机构也是由洋务派创办的中国近代第一家军工企业。

经历过两次鸦片战争的惨败之后，清朝统治者们不得不开始反思外战失利的原因。洋务派们将战争失败的结果归咎于西方的船坚炮利，于是决定仿照西方创立西式的军工厂，建造西式战船，生产西式兵器，来对抗西方，从而实现国防的现代化，保护风雨飘摇中的清王朝。洋务派思想的中心在于“中学为体，西学为用”，就是说要秉承中国自古以来的政治文化传统，学习西方的先进科技，“师夷长技以制夷”，从而实现国家的复兴和强盛。安庆内军械所就是在这样的大背景下建立起来的。

1861年，时任两江总督的曾国藩平定了安庆地区的太平军，并将湘军的大本营迁到了安庆。在平定太平军的过程中，曾国藩亲身体会到了西方洋枪洋炮的威力。但是，那些洋枪洋炮的价格十分高昂，曾国藩于是决定筹建安庆内军械所。为此他广揽人才，大批学有所长的有志之士怀揣着报国的热情慕名而来，安庆一时间成为各类人才的集萃之地。徐寿和华蘅芳就是其中的优秀代表，他们俩都是当时中国著名的科学家。安庆内军械所是中国人依靠自己的力量建立起来的近代军工企业，生产的军工产品也

“黄鹄”号复原模型

是完全依靠中国的科技人员来设计制造的。由于缺乏机械制造的实际经验，安庆内军械所在创办之初困难重重。但作为中国近代的第一座兵工厂，安庆内军械所也是意义非凡——它揭开了洋务运动的大幕。1864年，湘军攻占太平天国的都城南京，太平天国灭亡。曾国藩进驻南京以后，安庆内军械所也随即迁入了南京。1865年，曾国藩奉旨北上围剿捻军，江苏巡抚李鸿章代理两江总督一职。李鸿章将他创办的“苏州洋炮局”带到了南京，同安庆内军械所合并，称为“金陵机器制造局”。

安庆内军械所虽然仅存在了短短的4年时间，但作为我国近代军工厂的开端，它无疑具有开拓性的意义；它为手工制造机器向机器制造机器的过渡创造了条件，不仅是洋务运动兴起的标志，也可以看作中国近代工业的开端。

“黄鹄”号的诞生

“黄鹄”号是由安庆内军械所的技师们设计的中国第一艘依靠蒸汽动力驱动的轮船，从此中国的造船业正式进入了轮船时代。当然，“黄鹄”号的诞生并非一帆风顺，军械所的技师们进行了大量的绘图、测算及配置等方面的准备，还亲自登上一艘外国的轮船实地调查，仔细研究了蒸汽机的工作原理，然后思考自己应当如何制造。他们在一次次的失败之中不断汲取经验，才最终造就了这艘汽轮。

建造轮船一直是安庆内军械所的目标。1863年，军械所出品的第一艘轮船下水试航。这艘轮船体积很小，又被称为“小火轮”。它仅仅航行了500米左右就停了下来。经过检查，技师们发现是因为轮船的供气不足导致的失败。于是，由徐寿和华蘅芳二人牵头，开始对轮船的锅炉进行改进，用炉管锅代替了原来的汽锅。1864年，小火轮第二次下水试航取得成功，为后来“黄鹄”号的诞生打下了基础。安庆内军械所迁至南京以后，汽轮的制造工作继续进行，技师们在之前试制的小火轮基础上进行着进一步的改进。历经一年的时间，第一艘真正意义上的汽轮——“黄鹄”号终于诞生。“黄鹄”号船体是木质结构，载重25吨，长17米，比之前的小火轮长了几乎一倍；机舱设在汽轮的前部，蒸汽机为单缸设计，气缸长2尺，直径1尺，锅炉长11尺，直径2.3尺，炉管49条，长7.2尺，直径1.5寸。整艘汽轮除主轴、锅炉和气缸配件所用原料是从国外进口的以外，其余材料都是中国自主制造的。“黄鹄”号试航时逆流时速为8千米，顺流时速可达14千米，性能较之前的小火轮也有了大幅度的提升。曾国藩将这艘汽轮命名为“黄鹄”号，希冀这艘汽轮犹如一只黄鹄，能飞善游，行止自如。由此足见曾国藩对于这艘船的喜爱和赞赏之情。

“黄鹄”号与中国近代化工业的起步

“黄鹄”号的诞生对于中国近代化工业的起步起到了十分重要的促进作用，徐寿和华蘅芳等中国科学家全靠手工制造出中国第一台蒸汽机和第一艘汽轮，在中国工业科学技术史上具有里程碑式的意义。“黄鹄”号的试制成功也正式揭开了中国近代造船工业的大幕，后来的“恬吉”号、“操江”号、“测海”号、“威靖”号、“海安”号等都是在“黄鹄”号的基础之上改进而成的。“黄鹄”号实现了脱离风帆推进，以蒸汽机械动力替而代之，与以后出现的铁质船壳船一起标志着近代船舶的诞生。作为近代化工业的先驱，它虽然最终并没有正式投入使用，但依然值得我们铭记。

如今，在无锡东方时代大厦前的运河边停泊着一艘木船，来来往往的行人们也许根本不会在意。那就是“黄鹄”号的模型，是为了纪念设计了这艘汽轮的杰出科学家徐寿父子和华蘅芳而造的。他们都是无锡人。

以曾国藩和李鸿章等人为主导的洋务运动虽然失败了，但是他们向西方学习科学技术的努力却并没有白费，中国的近代化就这样踉踉跄跄地起步了。我们应当铭记，在我国近代化的过程中有许许多多的爱国志士们曾经满怀热血地为国家的强盛奋斗过。“黄鹄”号就是我们中华民族自强不息的历史见证。

“黄鹄”号模型与徐寿父子和华蘅芳三人雕像

江南机器制造总局与其所造轮船

19世纪60年代，以李鸿章、曾国藩为代表的中国官员在“中学为体，西学为用”的口号下掀起了一场洋务运动。在这场轰轰烈烈的改革中，一

江南机器制造总局

个重要的主题就是兴办工厂。1863年的一天，曾国藩在召见中国第一个留美学生容闳时问他："你认为今天对中国最能谋利、最重要的事是什么？"容闳回答："是建造一所西式机器工厂。"这个提议得到了曾国藩的认可。曾、容两人的这次谈话促成了江南机器制造总局的成立，日后这个工厂成为洋务派开设的规模最大的近代军工企业，多艘中国制造的轮船在这里诞生。

江南机器制造总局的成立

曾国藩在同容闳谈话后的第二天，就给李鸿章写了信去，称"敝处现拟设立铁厂，应用造器之器，须向西洋购买"。第二年冬天，受曾国藩指派，容闳再次踏上了赴美旅程。不过这一次他的目的不再是求学，而是为中国近代工厂的筹建采购机器。

1865年，容闳带着他从美国购买的100多件设备回到了中国。与此同时，在上海，曾国藩、李鸿章等人盘购了废弃的美国公司旗记铁厂。同年9月20日，在旗记铁厂的旧址上，一个名为"江南机器制造总局"的洋务企业诞生，它也是中国第一座具有"制器之器"的近代工业母厂，简称"江南制造总局"。

江南制造总局原址位于上海虹口地区，1867年夏搬迁到城南高昌庙镇，建起了占地面积为70亩的工厂。与此同时，开挖船坞，修建码头，造船事宜被提上议事日程。也就是在这一年，曾国藩、李鸿章将曾主持建造中国第一艘轮船的徐寿调入制造总局。由此，江南制造总局开创了造船新纪元。

徐寿曾对如何办好江南机器制造总局提过四项建议：“一为译书，二为采煤炼铁，三为自造枪炮，四为操练轮船水师。”很明显，研制轮船成为江南制造总局的一项重要任务，也是晚清知识分子救国图强的一项重要举措。

八艘兵轮：江南制造总局的造船成绩单

1868 年，徐寿入主后的江南制造总局打造出了中国第一艘木质机动兵轮，曾国藩将它命名为“恬吉”号，取“四海波恬，厂务安吉”之意。后为避光绪皇帝名讳，改名“惠吉”号。这艘船长 185 尺、功率达到 392 马力、排水量 600 吨，船上有炮 18 门，主机为购自外国的旧机器，但其汽炉和木船壳均系自造。曾国藩亲自登上这艘兵轮进行试航，盛赞其“坚致灵便”。试航的成功，让上海军民倍感欢欣鼓舞。

正是“惠吉”号的成功，让江南制造总局的造船事业获得了清政府的支持。同治皇帝为总局颁发了嘉奖上

“惠吉”号示意图

“驭远”号

谕，慈禧太后也亲自询问曾国藩相关的造船事宜。在这样的政治背景下，江南制造总局的造船事业蒸蒸日上。

1869年2月，江南制造总局所造的第二艘战舰开工，5个月后建成，名为“操江”号。船长180尺、宽27.8尺，采用自制立式蒸汽机1部，单桨推动，航速9节，炮位8门，载重640吨，这也是中国第一艘暗轮船。

同年，“测海”号兵轮出厂。1871年，“威靖”号兵轮诞生。1885年以前，江南制造总局还造出了“海安”号、“驭远”号、“金瓯”号、“保民”号4艘兵轮。从1868年至1885年，短短的十几年间，江南制造总局交出了8艘兵轮的成绩单，此外还建造了小型船艇7艘，修船11艘，可谓创造了中国近代造船史的辉煌。

在中国近代工业起步阶段，一个洋务企业能够取得这样的成绩，离不开以徐寿、徐建寅父子和华蘅芳为代表的造船专家的刻苦努力与细心钻研。他们的精益求精，不仅为中国近代的船舶工业开创了新局面，也培育出了中国第一代产业工人与造船骨干。

江南制造总局成立之初，本无造船之打算，若不是曾国藩在生命最后的那几年不遗余力地倡导造船，向江南制造总局输送造船人才，使总局的造船活动进入盛期，恐怕也难以创造这一近代史上的造船辉煌。1885年以后，清政府下令停止该局的造船活动。此后的江南制造总局造船事业荒废近20年，成为中国近代造船史上的一曲悲歌。

“局坞分家”：江南船坞的新发展

1904年冬，两江总督周馥奉清廷之命到江南制造总局考察。面对“近年以来，商船裹足不前，兵轮反入洋坞修理”的不景气局面，周馥奏请清廷批准将造修船部分从江南制造总局划分出来，船坞单独建制，实行商业化经营，进行“局坞分家”。在这样的背景下，1905年4月，江南船坞成立了。

商业化的运作给江南船坞的发展带来了新的生机，同时也改变了船坞的面貌，使它从旧式封建衙门的官办军事工厂演变为具有资本主义性质的企业。为了提高造船效率和质量，清政府还聘请了熟悉修船、造船技术的英国人毛根担任江南船坞的总稽查兼总工程师。

毛根加入江南船坞以后，凭借着对上海造船行情的熟知，以及从英商船厂移植过来的一套包工制度，对船坞的经营体制进行了改革，使得江南船坞的修造船事业更具活力。据统计，自船坞成立至1911年辛亥革命爆发的6年间，江南船坞累计造船136艘、排水总量达21040吨，修船542艘，并在开办当年就把借支的20万两开办费全部还清。1912年4月，北京民国政府将江南船坞收归海军部，仍聘请毛根为总工程师，将船坞改名为“江南造船所”，开启了该厂在近代造船史上新的一页。

江南造船所：民国以后船厂的发展

中华民国的成立，为资本主义发展带来了一个短暂的黄金时期。在这样的背景下，江南造船所呈现出蓬勃发展之势。1918 年“一战”期间，美国急需一批远洋运输船，遂向江南造船所订购了 4 艘万吨级运输舰。尽管后来大战很快结束，这 4 艘总长 135 米的全遮蔽甲板型蒸汽货船仍在两年后如期交货。1920 年 6 月 3 日，为美国建造的第一艘远洋运输舰“官府”号下水，打破了“中国不能造大船”的偏见。

为美国建造的这 4 艘远洋舰，是当时中国造船工业有史以来最大的工程，其成功让当时的舆论界欢欣鼓舞。《东方杂志》中写道：“中国产业史乃开一新纪元！”此后，江南造船所不断发展壮大，1925 年和 1932 年，又相继建成了 2 号和 3 号船坞。

但是，好景不长。1931 年抗日战争开始后，江南造船所所在地成为日军轰炸的重灾区。日军侵占上海后，更是将造船所占为己有，委三菱重工株式会社经营管理，改称三菱重工江南造船所。

江南制造总局及以后江南船坞、江南造船所的发展历程可谓中国近代造船业的一曲不屈的悲歌。1949 年国民党撤离上海时，将此处的船坞、船台、发电机和主要车间炸毁，更使其丧失了基本生产能力。新中国成立后，“江南”再度蹒跚起步，1953 年正式改名为“江南造船厂”。在欣欣向荣的时代背景下，“江南”如今已成为中国第一造船品牌，这个经历了 150 年历史沧桑的老厂又焕发出了新的勃勃生机。

近代重要的海船制造基地
——福建船政局

说起中国造船业从风帆舟楫到铁甲钢舰的转变，就不能不提历史悠久、鼎盛一时的福建船政局。1866 年 6 月 25 日，洋务运动代表、闽浙总督左宗棠上了一道奏折，提议在福建地区设立厂坞，专事造船。7 月 14 日，他的提议得到了清廷的批复。此后，在实地考察中，左宗棠看到马尾江面宽阔、地势险要，于是就将局址选定在此。当船政局正在紧锣密鼓的筹备之时，左宗棠被调任陕甘总督。行前他力荐沈葆桢担任船政大臣，专管福建船政事宜。1866 年 12 月，船政局破土动工，并于次年 7 月建成。该局占地面积 600 亩，设有 13 个车间，是当时全国最大的专业造船基地。

福建船政局的造船业绩

1867 年 10 月中旬，福建船政局的第一座造船台开始兴建，年底竣工。另有 3 座造船台也于次年秋冬陆续完工。1868 年 1 月 18 日，福建船政局开始了第一艘船舶的制造，这艘船被命名为“万年清”号。1869 年 6 月 10 日，这艘长 238 尺、功率 530 马力的木壳战船成功下水，同年 9 月北上试航，操驾与轮管人员皆是中国人，显示出以左宗棠、沈葆桢为代表的近代船政先驱立志“师夷长技以制夷”的做法初步见到了成效。

从 1870 年至 1876 年，先后有福建水师旗舰“扬武”号等 18 艘木壳轮船在福建船政局诞生，包括 4 艘运输船和 14 艘兵轮，全都成功下水试航。这样一份漂亮的成绩单彰显了福建船政在中国近代造船史上的重要地位。

福建船政局之所以能够获得世人的认可，一个重要的原因在于它紧跟世界造船技术的最新发展。1850 年，西方开始盛行铁木混合结构的舰船，也称为铁肋船。福建船政局在 1876 年开始着手制造这类舰船，因中国没有制造这种军舰的经验，“不得不取式于外洋”，而在法国订造了全套铁肋。1877 年 5 月，“威远”号练习舰成功

福州船政局（1870 年拍摄）

下水，这标志着中国第一艘铁肋船的制造成功。此后，福建船政局还制造了“超武”号、“康济”号、“澄庆”号、“开济”号、“横海”号、“镜海”号、“寰泰”号、“广甲”号等铁肋船，船型包括练习舰、巡洋舰、兵轮等。

当福建船政局的铁肋船制造技术越来越纯熟之后，就将目光盯到了钢质舰的身上。这种战舰在世界史上出现的时间约为美国南北战争之际，也就是 19 世纪 60 年代。而处于工业起步阶段的中国，能够在钢质舰出现仅 20 多年后就着手制造这类船舰，显示了福建船政局造船人员的勇气和智慧。

福建水师旗舰“扬武”号

1886年12月7日，在左宗棠的亲自过问下，中国第一艘钢质钢甲型巡洋舰开始安放龙骨，并于次年1月下水，5月建成。该舰长60米，宽12.2米，型深6.8米，双蒸汽机共2400马力，航速14节；配有260毫米主炮1门，120毫米炮3门，鱼雷发射管4具。它标志着我国造船技术达到了一个更高的水平。这艘巡洋舰后来被编入北洋水师，改名“平远”号，成为中日甲午战争的主力战舰之一。从1888年到1902年，福建船政局共造出了10余艘钢质舰。

马尾船政学堂：造船人才的培养基地

福建船政局开办之初，聘请了数名外国人作为技术监督。左宗棠与他们签订合同，明确规定洋员监督是在船政大臣的领导下工作，同时要求洋员在5年的期限内，保证教会中国员工能够自制、监造、驾驶及管理轮船。接替左宗棠主持福建船政的沈葆桢则指出“船政的根本在于学堂”。

1867年，福建船政局组织开办了求是堂艺局，这就是后来为世人熟知的马尾船政学堂。该学堂分成两个部分：前学堂学习船体和轮机的设计制造，同时学习法语；而后学堂则培训驾驶、轮管人才，学习英语。招收学生不拘出身，广求社会各阶级子弟，但对学员进行严格的考核评级。学堂学风严谨，在教学过程中最为讲求理论联系实际。

除此之外，马尾船政学堂还派遣留学生出国学习，学习西方先进技术以发展中国。1875年，沈葆桢趁福建船政局洋员日意格回国采购之便，在前后学堂中挑选魏翰、刘步蟾、林泰曾、陈季同、陈兆翱5人随同去法国参观学习。此后，船政学堂还先后派

“平远”号

出 3 批学生赴欧留学。这些留学生学习勤奋，力求深入、全面掌握技术，其佼佼者的技术水平比之西方人也毫不逊色。这些人才回国以后，成为福建船政局的栋梁。如果没有他们，恐怕福建船政局也难以实现从木质船到铁肋船再到钢质船的伟大突破。

马尾船政学堂培养和造就了一批优秀的中国近代工业技术人才和杰出的海军将士。自学堂成立至 1924 年冬，马尾船政学堂的毕业学生共有 629 名。严复、詹天佑、邓世昌、刘步蟾、魏翰等近代民族精英和爱国将士都曾在此求学，还有一大批船政学堂的优秀毕业生活跃于近代中国的军事、文化、科技、外交、经济等各个领域，为中国的近代化事业作出了突出贡献。

福建船政局的民族精神

自创立福建船政局之初，左宗棠就强调中国人应有独立自主精神，并制定了“不重在造而重在学”的策略，聘请洋人担任技术顾问的目的，也在于希望中国人能够从他们身上学到造船之法，来建造自己的船舰。

当船政局建造的第一艘“万年清”号蒸汽轮船下水试航时，所有的驾驶员和轮管人员都是中国人。当 1874 年依照合同雇佣的外国机匠期满时，大部分洋员都被辞退了，代之以马尾船政学堂自己培养的学生。完全由中国人自主设计制造的“艺新”号蒸汽机船，船身坚固，轮机灵捷，被沈葆桢评价为“中华发创之始”。

从福建船政局的船坞中建成的轮船，也成为中国海军的重要支柱。这里前后制造的 40 多艘舰船基本上都服役于各大水师，一度成为晚清水师主力舰的重要来源。正是福建船政局缔造的水师舰队与法国侵略者进行了中国近代海军创立以后的第一次惊心动魄的战斗，也正是福建船政局培养出来的一批杰出将领与日寇在黄海上展开了中国近代最大规模的一场惨烈悲壮的海战。

1907 年，在清王朝腐朽的统治之下，福建船政局被迫停办。中华民国成立后，这里曾一度成为“海军部马尾船政局”。1918 年，该局设立了中国第一个飞机制造厂——马尾飞机工程处。到 1931 年为止，这里共试造了 16 架水上飞机，从而成为中国航空工业的摇篮。

后记

船，是与人们息息相关的水上交通工具。在中国古代海洋文化发展史上，海船占有特殊的地位。如果没有它，就不会有徐福东渡的故事和郑和下西洋的壮举，也不会有一次次惊心动魄的海战，更不可能有繁盛的“海上丝绸之路”……

海船，作为一个特殊的文化符号，勾勒出的不仅仅是一块块船板、一面面船帆、一根根桅杆连接而成的船体形象；还引领着一次次中外文化交流的轨迹，谱写了一首首波涛汹涌的战歌。作为海洋文化的一个中心点，海船的周围辐射着海洋科技、海洋经济等多姿多彩的文化。

随着科学技术的进步，古船扬帆的时代已经过去，如今的大洋之上，航行着各种装备先进的战舰、邮轮、科考船。尽管如此，我们仍不能忘记一代代中国工匠是如何用他们的汗水凝结成造船技艺的进步，面对近代中国的沧桑巨变，造船工业先驱们又是如何迎难直上。

如今历史早已翻开了新的一页，中国古代造船工匠的精神已经成为“海洋强国梦”和实现中华民族伟大复兴中国梦的一部分，必将继续发扬光大！

图书在版编目（CIP）数据

古船扬帆 / 何国卫主编 . – 青岛 : 中国海洋大学出版社 , 2017.3 （2017.12 重印）
（中国海洋符号 / 盖广生总主编）
ISBN 978-7-5670-1118-2

Ⅰ . ①古… Ⅱ . ①何… Ⅲ . ①海船 – 发展史 – 中国 Ⅳ . ① U674

中国版本图书馆 CIP 数据核字 (2016) 第 072259 号

古船扬帆

出 版 人　杨立敏
出版发行　中国海洋大学出版社有限公司
社　　址　青岛市香港东路23号
责任编辑　王积庆　电话　0532-85902349
图片统筹　王积庆
装帧设计　石　盼　王谦妮　陈　龙
插　　图　王谦妮
印　　制　日照日报印务中心
邮政编码　266071
版　　次　2017年3月第1版
电子邮箱　wangjiqing@ouc-press.com
印　　次　2017年12月第2次印刷
订购电话　0532－82032573（传真）
成品尺寸　185 mm × 225 mm
印　　张　9.5
字　　数　130千
印　　数　1-5000
书　　号　ISBN 978-7-5670-1118-2
定　　价　32.00元